一冊に凝縮
Compact Edition

Word

の**基本が**
学べる
教科書

手軽に学べて、
今すぐ役立つ。

青木志保

SB Creative

▚▚▚ 本書に関するお問い合わせ

　この度は小社書籍をご購入いただき誠にありがとうございます。小社では本書の内容に関するご質問を受け付けております。本書を読み進めていただきます中でご不明な箇所がございましたらお問い合わせください。なお、ご質問の前に小社Webサイトで「正誤表」をご確認ください。最新の正誤情報を下記Webページに掲載しております。

本書サポートページ

https://isbn2.sbcr.jp/23470/

上記ページの「サポート情報」をクリックし、「正誤情報」のリンクからご確認ください。
なお、正誤情報がない場合は、リンクは用意されていません。

ご質問送付先
ご質問については下記のいずれかの方法をご利用ください。

Webページより
上記サポートページ内にある「お問い合わせ」をクリックしていただき、メールフォームの要綱に従ってご質問をご記入の上、送信してください。

郵送
郵送の場合は下記までお願いいたします。
　〒106-0032
　東京都港区六本木2-4-5
　SBクリエイティブ 読者サポート係

はじめに

「日報やレポートの作成」「契約書などの書類の作成」「招待状やはがきの作成」のように、日々の仕事でワードを使用する場面は多くあります。ワードは、オフィスワークにとって欠かすことができないツールです。

ワードには、文章を入力したり編集することを目的としたさまざまな機能が備わっています。それらは、あまりに多機能であり、すべてを理解するのは難しいでしょう。

しかし、すべての機能を使いこなせるようになる必要はありません。日々の仕事に必要な機能は、そう多くはないのです。基本的な機能さえ理解できれば、十分に仕事に対応できるのです。

本書は、ワードの使い方の「基本」を解説しています。「文章の入力」「書類の作成と設定」「文書の編集」「表や図の挿入」「印刷の詳細設定」といった、日々の仕事に対応するための知識を手軽に学習できます。操作手順も丁寧に解説してありますので、すぐに使い方が身につくはずです。

練習用のファイルも用意してありますので、ファイルをWebからダウンロードして、まずは、本書の手順に合わせて操作を行ってみてください。次は、設定内容をちょっと変えるなど、いろいろと試しながら知識を広げていきましょう。

ワードの基本を学んで、効率的に仕事を行えるようになりましょう。

2023年11月

青木 志保

ご購入・ご利用の前に必ずお読みください

- 本書では、2023年11月現在の情報に基づき、ワードについての解説を行っています。
- 画面および操作手順の説明には、以下の環境を利用しています。ワードのバージョンによっては異なる部分があります。あらかじめご了承ください。
  - ・ワード　：Office 2021
  - ・パソコン：Windows 11
- 本書の発行後、ワードがアップデートされた際に、一部の機能や画面、操作手順が変更になる可能性があります。あらかじめご了承ください。

本書の使い方

本書は、日々の仕事に必要なワードの知識を手軽に学習することを目指した入門書です。72のレッスンを順番に行っていくことで、ワードの基本がしっかり身につくように構成されています。

紙面の見方

セクション
本書は6章で構成されています。
レッスンは1章から通し番号が振られています。

手順
レッスンで行う操作手順を示しています。画面と説明を見ながら、実際に操作を行ってください。

Section
02 ファイルを新規に作成する

文書を作成するには、ファイルを新規作成する必要があります。ホーム画面を表示し、[白紙の文書]をクリックしましょう。文書の表示中は、[ファイル]をクリックしてホーム画面を表示し、[新規]をクリックします。

ファイルを新規に作成する

パソコンを起動してデスクトップ画面を表示します。デスクトップ画面の下側にある「■」をクリックします。

1 「■」をクリック

▼

パソコンにインストールされているアプリケーションから探します。すべてのアプリをクリックします。

2 すべてのアプリをクリック

▼

アプリケーションの一覧からWordをクリックします。

3 Wordをクリック

16

仕事に役立つ!	日常的にワードを利用する人のニーズを研究し、今すぐ仕事に役立つ知識を集めました。
手軽に学べる!	ほどよいボリュームとコンパクトな紙面で、必要な知識を手軽に学ぶことができます。
すぐに試せる!	練習用ファイルをWebからダウンロードすることができます。操作を試しながら学習していきましょう。

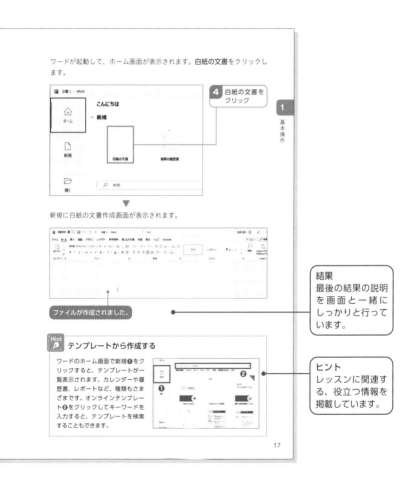

ワードが起動して、ホーム画面が表示されます。**白紙の文書**をクリックします。

4 白紙の文書をクリック

1 基本操作

▼

新規に白紙の文書作成画面が表示されます。

ファイルが作成されました。

結果
最後の結果の説明を画面と一緒にしっかりと行っています。

Hint テンプレートから作成する

ワードのホーム画面で新規❶をクリックすると、テンプレートが一覧表示されます。カレンダーや履歴書、レポートなど、種類もさまざまです。オンラインテンプレート❷をクリックしてキーワードを入力すると、テンプレートを検索することもできます。

ヒント
レッスンに関連する、役立つ情報を掲載しています。

17

目次 contents

第 **1** 章　基本操作

第**2**章 文章の入力

目次 contents

第3章 **書類の作成と設定**

第4章 文書の編集

目次 contents

第 5 章 表や図の挿入

第**6**章 印刷の詳細設定

::: 練習用ファイルの使い方

学習を進める前に、本書の各レッスンで使用する練習用ファイルを、以下のWebページからダウンロードしてください。

練習用ファイルのダウンロード

https://www.sbcr.jp/support/4815617781/

上記のURLを入力してWebページを開いて、**WordTraining.zip**をクリックして練習用ファイルをダウンロードします。
練習用ファイルはZIP形式で圧縮されています。ダウンロード後は、圧縮ファイルを展開して、任意のフォルダーに保存してご使用ください。

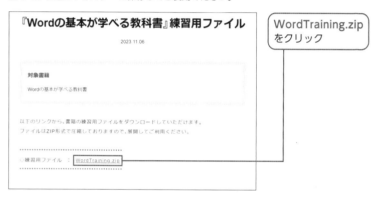

『Wordの基本が学べる教科書』練習用ファイル

2023.11.06

対象書籍
Wordの基本が学べる教科書

以下のリンクから、書籍の練習用ファイルをダウンロードしていただけます。
ファイルはZIP形式で圧縮しておりますので、展開してご利用ください。

〈練習用ファイル： WordTraining.zip〉

WordTraining.zip
をクリック

練習用ファイルを開こうとすると、画面の上部に警告が表示されます。これはインターネットからダウンロードしたファイルには危険なプログラムが含まれている可能性があるためです。本書の練習用ファイルは問題ありませんので、**編集を有効にする**をクリックして、各レッスンの操作を行ってください。

編集を有効にするを
クリック

2023年12月10日

会社 各位

SB雑貨店 六本木支店

第 1 章

基本操作

ワードとは

まずはワードで何を行うことができるのかを確認しましょう。文書の作成、編集から、フリガナや箇条書きなどのデザイン、文書への表や写真の挿入、印刷なども行うことができます。

ワードでできること

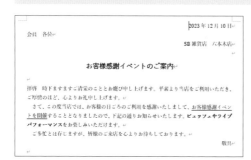

文字や数字の入力

ひらがな、カタカナ、漢字、アルファベットなどの文字や数字を入力することで、文書を作成することができます。

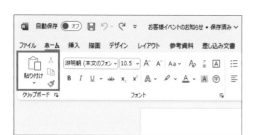

文書の編集

作成した文書は修正 / 削除したり、コピー / 移動などを行ったりして、編集することができます。

文書のデザイン

文字の色を変える、フリガナ、下線や取り消し線を付けるなど装飾を加えて、文書をデザインすることもできます。

▦ ワードの画面

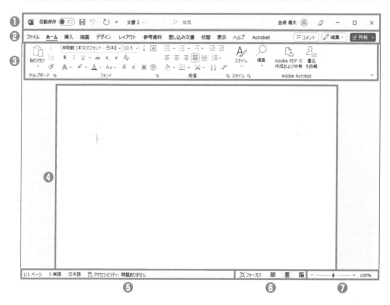

① 「クイックアクセスツールバー」
です。初期設定では、「上書き
保存」のアイコンが表示されて
います。

② 「タブ」が表示されています。
「ファイル」「ホーム」など、そ
れぞれのタブをクリックするこ
とで、対応する「リボン」がそ
の下に表示されます。

③ 「リボン」が表示されています。
リボンに表示された項目を選択
すると、対応する機能が実行さ
れます。リボンは機能の種類ご
とに「グループ」に分けられて
います。

④ 編集画面です。文字を入力す
る、画像を挿入するなど、文章
を作成する領域になります。

⑤ 「ステータスバー」です。ページ
数や文字数、言語など、文書の
作成状態を確認できます。

⑥ 表示選択ショートカットが表示
されています。ショートカット
を選択すると、「閲覧モード」、
「印刷レイアウト」など、文書の
表示モードを切り替えることが
できます。

⑦ 作成中の文書の表示を拡大/縮小
することができます。

02 ファイルを新規に作成する

文書を作成するには、ファイルを新規作成する必要があります。ホーム画面を表示し、[白紙の文書]をクリックしましょう。文書の表示中は、[ファイル]をクリックしてホーム画面を表示し、[新規]をクリックします。

▦ ファイルを新規に作成する

パソコンを起動してデスクトップ画面を表示します。デスクトップ画面の下側にある「■」をクリックします。

1 「■」をクリック

パソコンにインストールされているアプリケーションから探します。**すべてのアプリ**をクリックします。

2 すべてのアプリを
クリック

アプリケーションの一覧から Word をクリックします。

3 Wordをクリック

ワードが起動して、ホーム画面が表示されます。**白紙の文書**をクリックします。

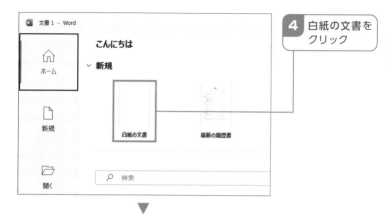

4 白紙の文書を
クリック

新規に白紙の文書作成画面が表示されます。

ファイルが作成されました。

Hint テンプレートから作成する

ワードのホーム画面で新規❶をクリックすると、テンプレートが一覧表示されます。カレンダーや履歴書、レポートなど、種類もさまざまです。オンラインテンプレート❷をクリックしてキーワードを入力すると、テンプレートを検索することもできます。

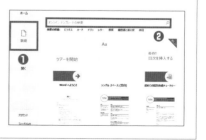

練習用ファイル　03_作成したファイルを保存する.docx

作成したファイルを保存する

ファイルを作成したら保存しましょう。保存しないままワードを終了して
しまうと、編集した内容が消去されます。パソコンの電源が落ちたなどの
トラブルにも備えて、編集中にも保存を行うことをおすすめします。

⋮⋮⋮ ファイルに名前を付けて保存する

ファイルをクリックします。

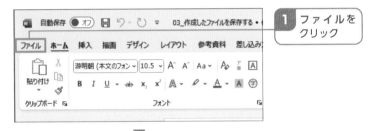

1 ファイルを
クリック

名前を付けて保存をクリックしてメニューを表示し、保存先を指定するた
めに、**参照**をクリックします。

2 名前を付けて
保存をクリック

3 参照をクリック

ここでは「ドキュメント」フォルダーに保存します。**ドキュメント**をクリックしてフォルダーを指定し、**ファイル名**を入力します。

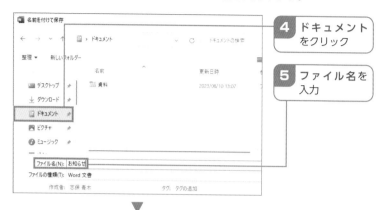

4 ドキュメントをクリック

5 ファイル名を入力

保存をクリックすると、指定した「ドキュメント」フォルダーにファイルが保存されます。

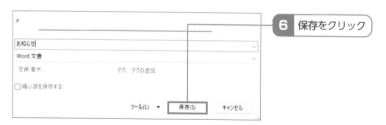

6 保存をクリック

Hint

上書き保存する

一度保存した文書を編集した場合は、上書き保存で変更を保存できます。ホーム画面で上書き保存をクリックするか、文書作成画面のクイックアクセスツールバーに表示されている「🖫」をクリックすると、ファイルを上書き保存できます。

「🖫」をクリック

練習用ファイル 04_ファイルに名前を付けて複製する.docx

ファイルに名前を付けて複製する

一度保存した文書を編集していて、上書き保存ではなく別のファイルとして保存したいときがあります。そういったときは、名前を付けて複製しましょう。さまざまなバージョンの文書を別のファイルとして保存できます。

ファイルに名前を付けて複製する

ファイルをクリックします。

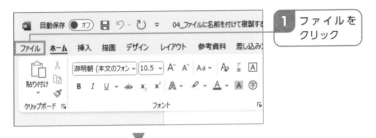

1 ファイルを クリック

名前を付けて保存をクリックしてメニューを表示し、**参照**をクリックします。

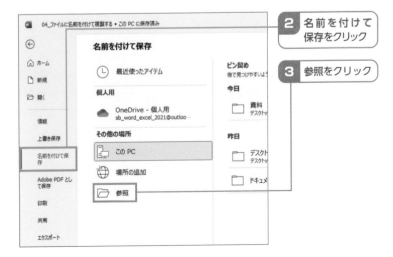

2 名前を付けて 保存をクリック

3 参照をクリック

ここでは「ドキュメント」フォルダーに保存します。ドキュメントをクリックしてフォルダーを指定し、**ファイル名**を入力します。複製だとわかるファイル名を入力すると、ファイルの管理がしやすくなります。

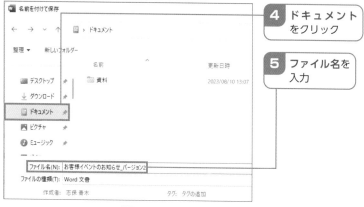

保存をクリックすると、指定したフォルダーにファイルが保存されます。

エクスプローラーなどで保存先のフォルダーを表示すると、ファイル名を確認できます。ファイルをクリックして選択した状態で再度クリックすると、ファイル名を編集することができます。

フォルダーから、ファイル名を確認できます。

Section

05　文字の入力と編集

ひらがなや漢字、カタカナなどの日本語、アルファベット、数字、記号といった文字を入力して、文書を作成していきましょう。入力した文字は削除したり、再度入力したりと、後から編集することも可能です。

⠿ 文字を入力する

ここではローマ字入力で日本語を入力する方法について説明します。日本語で入力する場合は「あ」（ひらがなモード）が画面右下に表示されていることを確認します。入力方法の切り替えについては24ページを参照してください。

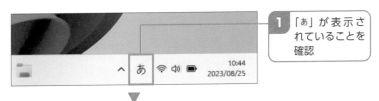

1 「あ」が表示されていることを確認

文書入力画面上のカーソルがある位置に文字が入力されます。ここでは、「**おはよう**」（OHAYOU）と入力します。

2 「おはよう」（OHAYOU）と入力

「おはよう」と入力されます。キーボードの Enter を押すと、文字の下の点線が消え、入力が確定します。

3 Enter を押す

▦ 文字を編集する

修正したい文字をドラッグして選択します。ここでは「**対称**」を選択します。

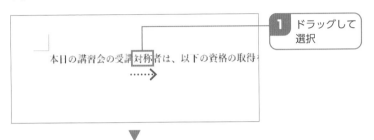

本日の講習会の受講対称者は、以下の資格の取得…

1 ドラッグして選択

▼

文字が選択された状態になったら、修正後の文字を入力します。ここでは「**対象**」と入力します。

本日の講習会の受講対称者は、以下の資格の取得…

2 修正後の文字を入力

▼

選択した文字が、修正された文字に置き換わります。

本日の講習会の受講対象者は、以下の資格の取得…

文字が編集されました。

Hint 文字の下の線

文字の下の点線は入力中の文字を表しています。変換をしている間は実線になり、入力を確定すると下線は消えます。

1
基本操作

入力モードの切り替え方

文字を入力する際は、入力したい内容によって、「ひらがな」「全角カタカナ」「全角英数字」「半角カタカナ」「半角英数字」といった入力モードの切り替えを活用しましょう。

::: 入力モードを切り替える

画面右下のWindowsのタスクバーで、現在選択されている入力モードの確認、モードの切り替えを行います。切り替える場合は、入力モードのアイコン（ここでは「あ」(ひらがなモード)）をクリックします。

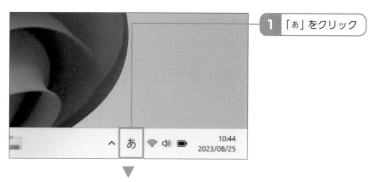

1 「あ」をクリック

入力モードが、ここでは「A」(半角英数字モード) に切り替わります。なお、キーボードの[半角/全角]を押すことでも入力モードを切り替えることができます。

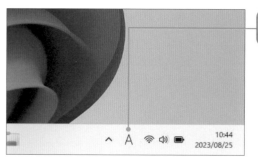

入力モードが切り替わります。

::: 入力モードを選択する

他の入力モードを利用する場合は、入力モードのアイコン (ここでは「あ」) を右クリックします。

1 「あ」を右クリック

メニューが表示されたら、任意の入力モードをクリックして選択します。

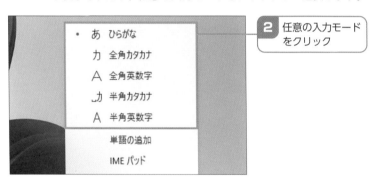

2 任意の入力モードをクリック

 Hint

入力モードとは

入力モードとは、ひらがなや全角/半角カタカナ、全角/半角英数字を切り替えることができる機能です。入力モードの変更によって、同じキーを押した場合でも、入力される文字が変化します。

表示アイコン	入力モード	入力される文字	入力例
あ	ひらがな	ひらがな、漢字	どうぶつ、動物
カ	全角カタカナ	全角カタカナ	ライオン
Ａ	全角英数字	全角アルファベット、数字、記号	Ａｎｉｍａｌ、１２３、！
ｶ	半角カタカナ	半角カタカナ	ﾗｲｵﾝ
A	半角英数字	半角アルファベット、数字、記号	Animal、123、！

Section 07

リボンからメニューを選択する

任意のタブをクリックすると、画面上部にそれぞれの「リボン」が表示されます。リボンにはさまざまなコマンドが用意されており、クリックするだけで文書の編集や装飾ができるようになっています。

リボンとは

リボンとは、タブをクリックしたときに表示されるツールバーのことです。文字入力に関するリボンを表示したいときは「ホーム」、画像や図形の挿入に関するリボンを表示したいときは「挿入」といったように、対応するタブをクリックして利用したいリボンを表示させましょう。リボンに表示されている項目をクリックすることで、対応する機能が実行されます。また、リボンは機能の種類ごとに「グループ」に分けられています。グループ名はリボンの下部分に表示されています。

ホーム

挿入

デザイン

▓ リボンからメニューを選択する

ここではリボンを使用して文字のサイズを変更する方法を紹介します。文字入力に関するタブである**ホーム**をクリックします。

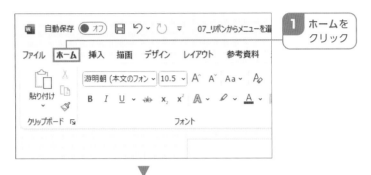

ホームのリボンが表示されたら、**フォント**グループの「A゜」をクリックします。

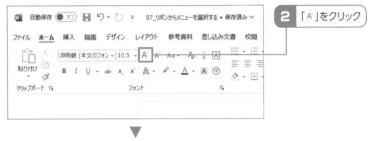

「A゜」をクリックした分、文字サイズが大きくなります。

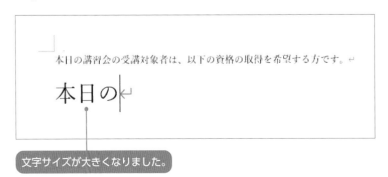

本日の講習会の受講対象者は、以下の資格の取得を希望する方です。

本日の

文字サイズが大きくなりました。

便利な右クリックメニュー

文書の作成中に文書作成画面上で右クリックをするとメニューが表示され
ます。文字の設定や変換の候補、切り取り、コピーなどを一覧表示でき、
リボンを操作する手順が省けるため、作業の効率化が可能になります。

::: 右クリックメニューを表示する

文書作成画面を表示し、編集したい箇所にマウスカーソルを合わせ、右ク
リックします。

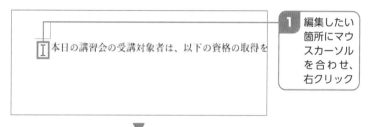

1 編集したい
箇所にマウ
スカーソル
を合わせ、
右クリック

本日の講習会の受講対象者は、以下の資格の取得を

右クリックメニューが表示されます。任意の項目をクリックすることで、
対応する機能が実行されます。

2 任意の項目を
クリックして
選択

⋮⋮⋮ 右クリックメニューでできること

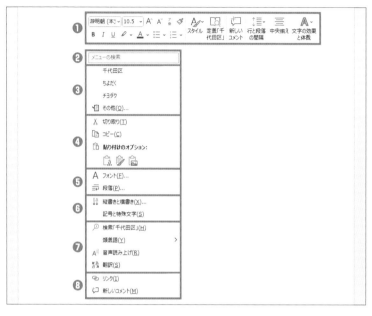

❶文字のフォントやサイズ、太字
などの装飾、行の間隔や中央揃
えといった設定を行えます。

❷右クリックメニュー内の機能を
検索できます。

❸文字の変換の候補が表示されま
す。クリックすると文字が置き
換わります。

❹文字を選択中の場合、切り取り
やコピーが行えます。[貼り付け
のオプション]の任意のアイコ
ンをクリックすると、コピーし
ている内容を任意の形で貼り付
けることができます。

❺フォントや段落の詳細設定の表
示、変更ができます。

❻文字の向きの変更、記号や特殊
文字の挿入ができます。

❼検索メニューや類義語辞典、翻
訳ツールを表示したり、選択し
た文字を音声で読み上げたりで
きます。

❽WebページのURLや電子メール
のアドレスといったハイパーリ
ンクの挿入や、選択した文字に
対する新しいコメントの追加が
できます。

Section 09 繰り返しとやり直し

ワードでは、アイコンをクリックするだけで直前に行った操作を繰り返し実行することができます。同じ文字を入力したい、任意の文字に同じ装飾をしたいといった場合に活躍します。

操作を繰り返す

最初に繰り返したい操作を行います。ここでは、文字に下線を設定します。下線の設定方法については80ページを参照してください。

1 文字に下線を設定

操作を繰り返したい文字をドラッグして選択します。

2 文字をドラッグして選択

クイックアクセスツールバーに表示されている「ᘒ」をクリックします。

3 「ᘒ」をクリック

選択した文字に操作が繰り返されます。

同様に、操作を繰り返したい他の文字をドラッグして選択し、「↺」をクリックします。

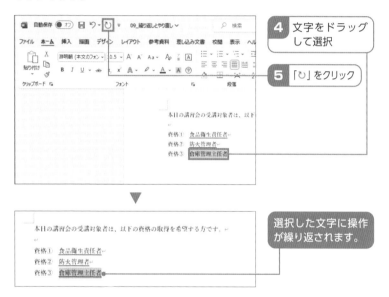

4 文字をドラッグ
して選択

5 「↺」をクリック

選択した文字に操作
が繰り返されます。

Hint　F4 で操作を繰り返す

操作を繰り返したい他の文字を選択してキーボードの F4 を押すと、選択した文字に操作が繰り返されます。なお、文字の入力や削除といった他の操作をすると、繰り返す操作が上書きされます。複数の文字に対して操作を繰り返したい場合は、他の操作をしないように注意しましょう。

F4 を押しても繰り返すことができない場合は、Fn（ファンクションキー）も同時に押す必要があります。ノートパソコンの場合はこの Fn が付いていることが多いので注意しましょう。

::: 操作を元に戻す

誤字を入力してしまった、誤った装飾をしてしまったといった場面では「元に戻す」が便利です。クイックアクセスツールバーに表示されている「🖒」をクリックします。

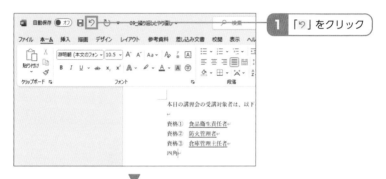

1 「🖒」をクリック

直前に行った操作（ここでは文字の入力）が取り消され、元に戻ります。

文字の入力が取り消されました。

なお、「🖒」の「▾」をクリックすると、直前に行った操作を最大20個さかのぼることができます。任意の操作をクリックすると、その操作まで元に戻ります。

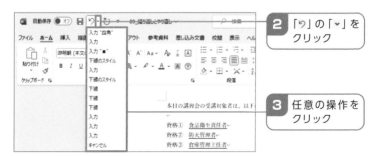

2 「🖒」の「▾」をクリック

3 任意の操作をクリック

操作をやり直す

操作を元に戻すとクイックアクセスツールバーに「↻」(やり直す) が表示されるので、それをクリックします。

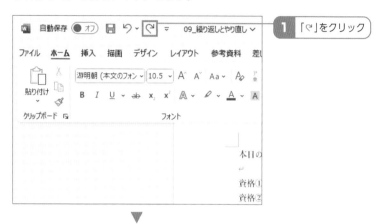

1 「↻」をクリック

▼

元に戻す前の状態に戻ります。「↻」をクリックした分、繰り返しをやり直すことができます。

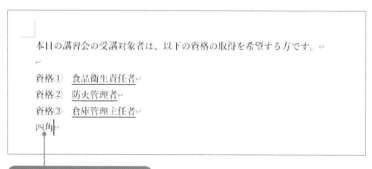

元に戻す前の状態に戻ります。

Hint

ショートカットキーを利用する

元に戻す操作とやり直す操作はショートカットキーで行うことも可能です。元に戻す場合はキーボードの Ctrl + Z を、やり直す場合は Ctrl + Y を押しましょう。

Section

10 文字のコピーと貼り付け

同じ文字をさまざまな箇所で繰り返し使いたい場合は、「コピー」と「貼り付け」を活用しましょう。一度コピーした文字は、再度コピーしない限り、何度でも繰り返して貼り付けることができます。

文字をコピーする

コピーしたい文字（ここでは**資格**）をドラッグして選択します。

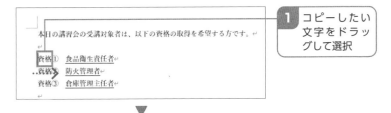

> **1** コピーしたい文字をドラッグして選択

文字が選択された状態になります。

> 文字が選択されます。

ホームタブの**クリップボード**グループの「📋」をクリックすると、選択した文字をコピーした状態になります。

> **2** 「📋」をクリック

⠿ 文字を貼り付ける

文字をコピーした状態で、文字を貼り付けたい位置をクリックしてマウスカーソルを置きます。

> **1** 文字を貼り付けたい位置をクリックしてマウスカーソルを置く

ホームタブの**クリップボード**グループの**貼り付け**をクリックします。

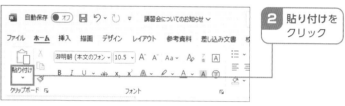

> **2** 貼り付けをクリック

貼り付けのオプションが表示されます。ここでは、「⬚」(元の書式を保持) をクリックすると、コピーされた文字が貼り付けられます。

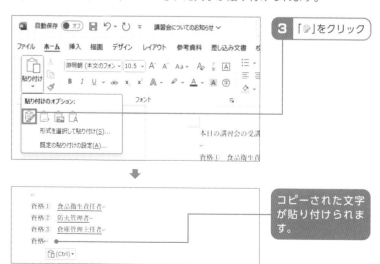

> **3** 「⬚」をクリック

> コピーされた文字が貼り付けられます。

画面を拡大/縮小して
表示する

文字や画像が見えにくいときや文書の全体を確認したいときなどは、文書作成画面を拡大/縮小して見え方の調整を行いましょう。表示倍率は10パーセントから500パーセントまで設定できます。

⠿ 画面を拡大する

画面を拡大したい場合は、文書作成画面の右下の「+」をクリックします。

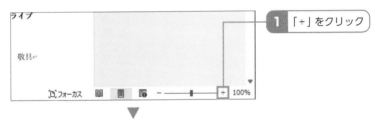

1 「+」をクリック

画面が10パーセント拡大されます。クリックする回数が多いほど、画面の拡大率が上がります。

画面が10パーセント拡大されます。

「＋」を右方向にドラッグすることでも、画面を拡大できます。

2 「＋」を右方向に
ドラッグ

::: 画面を縮小する

画面を縮小したい場合は、文書作成画面の右下の「-」をクリックします。

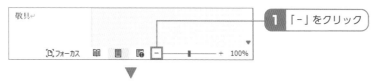

1 「-」をクリック

画面が10パーセント縮小されます。クリックする回数が多いほど、画面の縮小率が上がります。

画面が10パーセント縮小されます。

「+」を左方向にドラッグすることでも、画面を縮小できます。

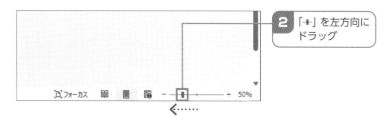

2 「+」を左方向にドラッグ

Hint 拡大率を数値で指定する

文書作成画面の右下の拡大率をクリックして、ズーム画面を表示します。指定に数値を入力し、OKをクリックすると、任意の拡大率で文書作成画面を確認できます。

練習用ファイル 12_ファイルを印刷する.docx

12 ファイルを印刷する

文書の作成を終えたら、プリンターを使ってファイルを紙に印刷しましょう。印刷する際は、印刷の向きや紙のサイズ、印刷範囲といった設定の確認や変更を行えます。

印刷の向きを設定する

ファイルをクリックします。

1 ファイルを
クリック

印刷をクリックします。

2 印刷をクリック

印刷メニューが表示されます。印刷の向きを変更する場合は、**縦方向**（または**横方向**）をクリックし、任意の印刷の向きをクリックして選択します。

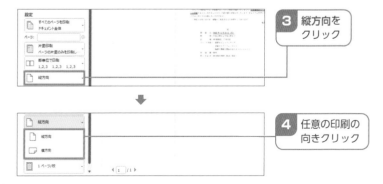

3 縦方向を
クリック

4 任意の印刷の
向きクリック

⠿ 印刷のサイズを設定する

印刷メニューを表示し、印刷サイズ (ここでは**A4**) をクリックします。

1 A4をクリック

1

印刷のサイズが一覧表示されます。任意のサイズをクリックすることで、印刷サイズを変更できます。詳細に設定したい場合は、**その他の用紙サイズ**をクリックします。

2 その他の用紙サイズをクリック

ページ設定画面が表示され、印刷サイズの詳細設定を行えます。

印刷サイズの詳細な設定が行えます。

::: 印刷の余白を設定する

印刷メニューを表示し、余白 (ここでは**標準の余白**) をクリックします。

1 標準の余白を
クリック

余白が一覧表示されます。任意の余白をクリックすることで変更できます。詳細に設定したい場合は、**ユーザー設定の余白**をクリックします。

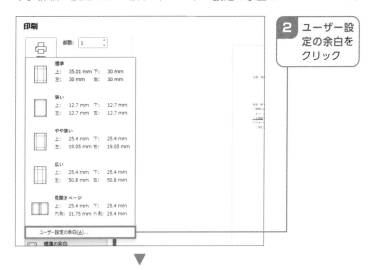

2 ユーザー設
定の余白を
クリック

ページ設定画面が表示され、余白の詳細設定を行えます。

余白の詳細な設定
が行えます。

印刷範囲を設定する

印刷メニューを表示し、印刷範囲（ここでは**すべてのページを印刷**）をクリックします。

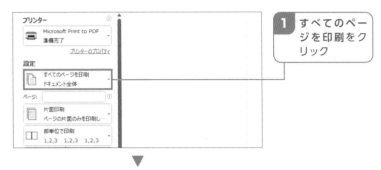

1 すべてのページを印刷をクリック

印刷範囲が一覧表示されます。任意の印刷範囲をクリックすることで変更できます。

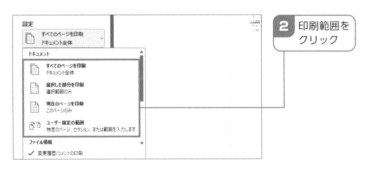

2 印刷範囲をクリック

Hint 印刷するページを設定する

印刷メニューの設定で、ページ設定に印刷したいページ数を入力することでも、印刷範囲を設定できます。

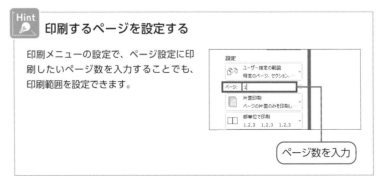

ページ数を入力

ファイルを印刷する

ファイルをクリックします。

1 ファイルを
クリック

印刷をクリックします。

2 印刷をクリック

印刷メニューが表示されたら、プリンター（ここではMicrosoft Print to PDF）をクリックします。

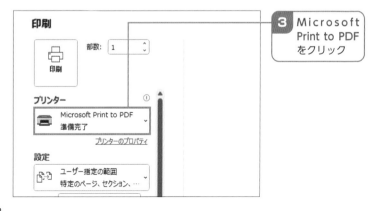

3 Microsoft
Print to PDF
をクリック

任意のプリンターをクリックして選択します。プリンターを追加したい場合は、**プリンターの追加**をクリックします。

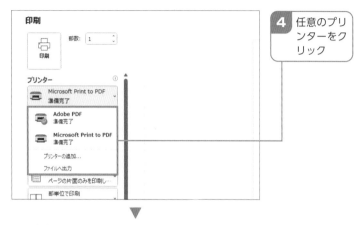

4 任意のプリンターをクリック

▼

印刷部数を変更したい場合は、**部数**に数字を入力します。

5 印刷したい部数を入力

▼

設定が完了したら、**印刷**をクリックします。プリンターが起動して印刷が開始されます。

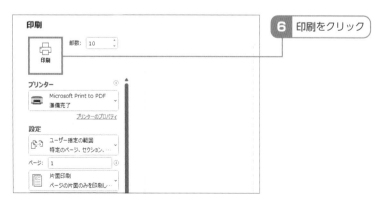

6 印刷をクリック

Section

13

PDFとして出力する

ワードで作成した文書は「PDF」として保存することも可能です。PDFは
文書を保存するファイル形式の1つで、パソコンやスマートフォンなど、
環境が違っても同じように表示できるというメリットがあります。

▦ PDFとして出力する

ファイルをクリックします。

1 ファイルを
クリック

エクスポートをクリックします。

2 エクスポートを
クリック

メニューが表示されます。PDF/XPSドキュメントの作成をクリックしま
す。

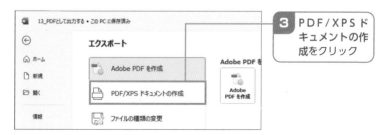

3 PDF/XPSド
キュメントの作
成をクリック

PDF/XPSの作成をクリックします。

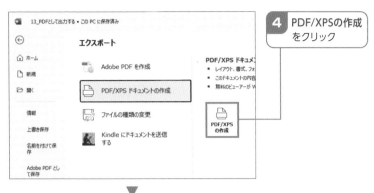

4 PDF/XPSの作成
をクリック

ここでは「ドキュメント」フォルダーに保存します。**ドキュメント**をクリックしてフォルダーを指定し、**ファイル名**を入力します。

5 ドキュメントを
クリック

6 ファイル名を
入力

発行をクリックすると、指定した「ドキュメント」フォルダーにPDFファイルが保存されます。

7 発行をクリック

ヘルプで調べる

ワードで文書を作成しているときにわからないことがあったら、ヘルプ機能で質問してみましょう。ヘルプでは基本機能の解説や新機能の紹介などを確認することができます。

ヘルプとは

「どのように文書の作成を開始すればよいかわからない」「図形の挿入方法がわからない」といった、ワードの操作に関する疑問が生まれたときはヘルプを活用してみましょう。ヘルプで検索することで、操作の手順を動画や文章、画像で確認することができます。なお、ヘルプを利用する場合は、使用しているパソコンがインターネットに接続されている必要があります。

ヘルプに検索したい内容を入力することで、動画や文章、画像で操作手順を確認できます。

ワードに追加された新機能の内容を動画や文章で確認できます。

トップタスク
ページを削除する
透かしを追加する
差し込み印刷を使う
セクション区切りを挿入する

よく検索される内容が「トップタスク」として表示されています。

::: ヘルプで調べる

ヘルプをクリックします。

1 ヘルプをクリック

ヘルプグループの**ヘルプ**をクリックします。

2 ヘルプをクリック

ヘルプメニューが表示されたら、検索欄に検索したい内容を入力し、
Enter を押します。

**3 検索したい内容
を入力**

4 Enter を押す

検索結果が表示されます。任意の結果をクリックすると、操作の手順など
を確認できます。

5 結果をクリック

47

Section

15 オプション画面を利用する

文字を入力する際のルールや文書作成画面の表示形式、印刷の基本設定など、ワードの基本機能全般に関わる設定はオプション画面から確認や変更ができます。

オプション画面とは

「Microsoft Officeのユーザー設定を変更したい」「文書作成画面で段落記号が表示されないようにしたい」「ファイルの標準保存形式を変えたい」といったワードの基本機能に関わる設定は、オプション画面から変更しましょう。リボンの項目の表示/非表示の切り替えもできるため、自分好みにワードをカスタマイズしたいときにおすすめです。また、各項目にマウスカーソルを合わせると、項目の説明が表示されるので、項目名だけでは設定内容がわからない場合は確認しましょう。

⬚ オプション画面を利用する

ここでは、ワードを起動した際に、ホーム画面ではなく白紙の文書作成画面が表示されるように設定を変更します。**ファイル**をクリックします。

1 **ファイル**を
クリック

▼

その他をクリックします。

2 **その他**を
クリック

▼

オプションをクリックします。

3 **オプション**を
クリック

49

設定したい項目をクリックしてオンとオフを切り替えたり、文字や数字を入力したりすることで、設定を変更できます。ここでは、**このアプリケーションの起動時にスタート画面を表示する**の「☑」をクリックします。

このアプリケーションの起動時にスタート画面を表示するがオフになります。OKをクリックすると、変更した設定が保存されます。

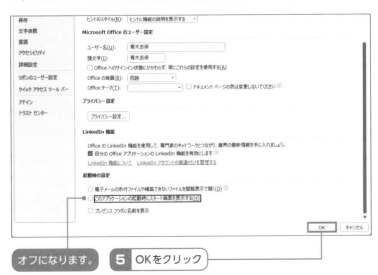

第 **2** 章

文章の入力

Section 16 入力した文字を変換する

文書を作成するにあたって、漢字やカタカナ、記号への変換は必ず行う操作です。文字の変換によって文書が見やすくなり、相手にも伝わりやすくなります。ここでは、入力した文字を漢字に変換する方法を紹介します。

⠿ 入力した文字を変換する

入力する位置にマウスカーソルを置き、漢字の読みを入力します。ここでは「あじさい」(AJISAI) と入力します。

1 「あじさい」(AJISAI) と入力

▼

「あじさい」と入力されたら、キーボードの変換を押します。

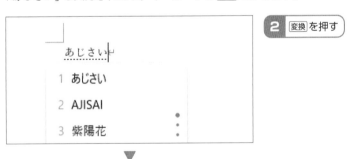

2 変換を押す

```
あじさい
1 あじさい
2 AJISAI
3 紫陽花
```

▼

入力した文字が変換されます。この段階で変換された文字で確定したい場合は、Enterを押します。入力したい文字でない場合は、もう一度変換を押します。

3 変換を押す

アジサイ

変換候補が一覧表示されます。[↑] または[↓]を押して変換候補を選択し、[Enter]を押します。このとき、一覧に表示された変換候補をマウスでクリックすることでも確定できます。

4 [↑]または[↓]を押して選択

5 [Enter]を押す

▼

文字の下の太線が消え、変換が確定します。

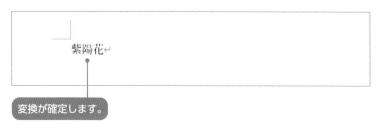

変換が確定します。

Hint テーブルビューで変換候補を見る

変換候補を表示しているときにキーボードの[Tab]を押すと、テーブルビューに切り替わり、より多くの変換候補を一覧表示できます。

紫陽花	
1 あじさい	按司さい
2 紫陽花	阿字さい
3 アジサイ	阿鯖さい
4 アジさい	
5 味さい	

Section 17

文節 / 文章単位で変換する

長い文章を入力する場合は、文節ごとに入力して変換する方法と、文章を
すべて入力した後に変換する方法があります。どちらも正しい変換ができ
るため、自分が入力しやすいと思う方法を選択しましょう。

⠿ 文節単位で変換する

ここでは「手紙を送る。」と入力します。まずは、「てがみを」(TEGAMI
WO) と入力します。

1 「手紙を」(TEGAMIWO) と入力

「てがみを」と入力されたら、キーボードの 変換 を押します。

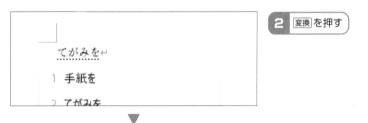

2 変換 を押す

てがみを↵
1 手紙を
2 てがみを

「手紙を」と変換されるので、Enter を押して変換を確定します。入力し
たい文字でなかった場合は、もう一度 変換 を押します。

3 Enter を押す

手紙を↵

次に、「**おくる。**」（OKURU。）と入力します。

4 「おくる。」
（OKURU。）
と入力

▼

「おくる。」と入力されたら、キーボードの変換を押します。

5 変換を押す

▼

「送る。」と変換されるので、Enterを押して変換を確定します。

6 Enterを押す

Hint

一度入力した文章を簡単に入力する

一度入力した文章は、文章の入力中に予測変換として変換候補のいちばん上に表示されることがあります。変換を押して選択し、Enterを押して確定しましょう。

文章単位で変換する

ここでは「私は薬学を専攻しています。」と入力します。まずは、文章（わたしはやくがくをせんこうしています。）を入力します。

1 文章（わたしはやくがくをせんこうしています。）と入力

2 変換を押す

「わたしはやくがくをせんこうしています。」と入力されたら、キーボードの変換を押します。

入力した文章が一括で変換されます。変換を確定する場合はEnterを押します。ここでは、「専攻して」の変換が意図しているものとは違うため編集します。→または←を押して、文字の下に表示されている太い下線を変換し直したい文節まで移動します。

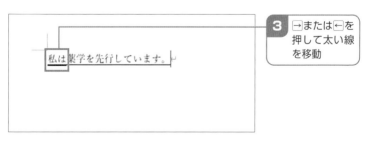

3 →または←を押して太い線を移動

「先行して」の下まで太い下線が移動したら、キーボードの変換を押します。

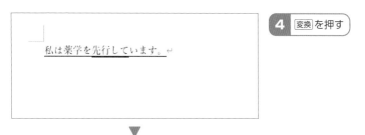

4 変換を押す

私は薬学を先行しています。↵

変換候補が一覧表示されます。↑または↓を押して変換候補を選択し、Enterを押します。このとき、表示された変換候補を直接クリックすることでも確定できます。

5 ↑または↓を押して選択

6 Enterを押す

私は薬学を専攻しています。↵

1 先行して　標準統合辞書
2 専攻して　先行して
　　　　　　先に行く・行う。「人気
　　　　　　行法規」
3 選好
4 選考して　専攻して
5 潜行して　特定の学術分野を研
　　　　　　専攻する」
6 穿孔して
7 専行して　潜行して
　　　　　　[一般的][ダイバーが

文字の下の太線が消え、変換が確定します。

私は薬学を専攻しています。↵

変換が確定します。

18 記号や絵文字を入力する

メールアドレスの「@」や文章の飾りとして入れる「★」や「≧」など、記号や絵文字を使う場面は少なくありません。ここでは、記号や絵文字を入力する方法について確認しましょう。

⠿ 記号を入力する

ここでは「@」と入力します。入力する位置にマウスカーソルを置き、キーボードの「@」と書かれているキーを押します。

1 マウスカーソルを置く

2 キーボードの「@」を押す

「@」と入力されたら、Enter を押して入力を確定します。

3 Enter を押す

Hint 🔑 変換して記号を入力する

「ほし」や「パーセント」など、名称によって記号を入力することができます。「@」の場合は、「あっと」と入力した後に変換することで、文書への入力が可能です。

あっと
1 あっと
2 アット
3 アッと
4 @　全

:::: 絵文字を入力する

入力する位置にマウスカーソルを置き、入力したい絵文字の名称を入力します。ここでは「**けーき**」と入力し、キーボードの変換を押します。

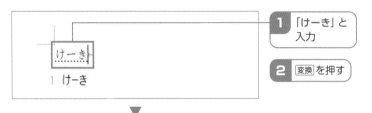

1 「けーき」と入力

2 変換を押す

▼

「ケーキ」と変換されます。もう一度、変換を押します。

3 変換を押す

▼

変換候補が一覧表示されます。↑または↓を押して絵文字を選択し、Enterを押します。このとき、一覧に表示された絵文字をマウスでクリックすることでも確定できます。また、「**きごう**」と入力して変換すれば、その他の記号も入力することができます。

4 ↑または↓を押して選択

5 Enterを押す

Section

19

半角文字を入力する

半角のアルファベットや数字を入力したいときは、入力モードを「半角英数字」に切り替えましょう。一般的な英単語であれば、読みを日本語で入力してから変換する方法でもアルファベットを入力できます。

▦ 半角文字を入力する

ここでは半角のアルファベットを入力します。画面右下のWindowsのタスクバーの入力モードのアイコンをクリックするか、キーボードの[半角/全角]を押して、入力モードを「A」(半角英数字モード) に切り替えます。

1 入力モードを「A」に切り替える

入力する位置にマウスカーソルを置き、アルファベットが書かれているキーボードを押します。ここでは、「WORD」と入力します。

2 マウスカーソルを置く

3 「WORD」と入力

小文字で「word」と入力されます。

小文字のアルファベットが入力されます。

⋮⋮⋮ 大文字のアルファベットを入力する

次に大文字のアルファベットを入力します。キーボードの Shift を押しながら、アルファベットが書かれているキーボードを押します。ここでは、「**EARTH**」と入力します。

4 Shift を押しながら、「EARTH」と入力

▼

大文字で「EARTH」と入力されます。

大文字のアルファベットが入力されます。

Hint

変換して半角のアルファベットを入力する

「わーく」や「きゃっと」など、一般的な英単語であれば、英単語の読みを使ってアルファベットを入力できます。「word」の場合は、「わーど」と入力した後に変換することで、文書への入力が可能です。

わーど

1 わーど
2 ワード
3 Word
4 word
5 Ｗｏｒｄ
6 ＷＯＲＤ

20 読めない漢字を入力する

読み方がわからない漢字を入力したいときは、「IMEパッド」を活用しましょう。IMEパッドとは文字の入力をサポートするアプリケーションで、手書きや画数、部首などから漢字を特定することができます。

読めない漢字を入力する

画面右下のWindowsのタスクバーの入力モードのアイコン (ここでは「あ」(ひらがなモード)) を右クリックします。

1 「あ」を右クリック

メニューが表示されたら、IMEパッドをクリックします。

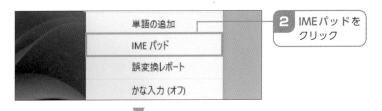

| 単語の追加 |
| IME パッド |
| 誤変換レポート |
| かな入力 (オフ) |

2 IMEパッドをクリック

IMEパッドが表示されます。**ここにマウスで文字を描いてください。**欄に、マウスを使って入力したい文字を描きます。

3 文字を描く

描いた部分に応じて、右側に候補が表示されます。**戻す**をクリックすると直前に描いた部分を取り消します。**消去**をクリックすると描いた文字がすべて消されます。文字を描き進めます。

4 文字を描く

画面右側に入力したい文字が表示されたら、マウスカーソルを合わせます。

5 マウスカーソルを合わせる

音読みがカタカナで、訓読みがひらがなで表示されます。入力したい場合はクリックします。

読み方が表示されます。　6 入力したい漢字をクリック

文字が入力されます。IMEパッドで入力を続ける場合は、再度「ここにマウスで文字を描いてください。」欄に入力したい文字を描きます。

文字が入力されます。

Hint

総画数や部首から読めない漢字を入力する

入力したい漢字の総画数や部首がわかっている場合は、「画」または「部」❷をクリックしてみましょう。総画数や部首を入力し一覧表示された漢字から任意の漢字をクリックすることで文字を入力できます。マウスで文字を描くのが難しいときなどに利用されます。

第 3 章

書類の作成と設定

用紙のサイズや向きを設定する

初期設定のまま新規の文書を作成すると、サイズは「A4」、印刷の向きは「縦」に設定されています。用紙のサイズや印刷の向きは、後から自由に変更することができます。

▦ 用紙のサイズを設定する

レイアウトタブのページ設定グループのサイズをクリックします。

1 サイズを
クリック

用紙のサイズの一覧が表示されます。設定したいサイズが表示されている場合は、クリックすることでサイズが変更されます。ここでは、**その他の用紙サイズ**をクリックします。

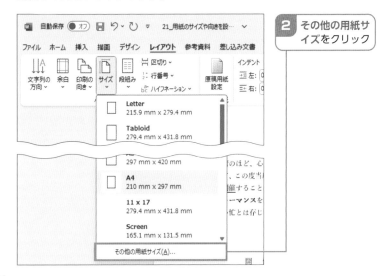

2 その他の用紙サイズをクリック

ページ設定メニューが表示されたら、現在設定されている**用紙サイズ**（こ
こでは**A4**）をクリックします。

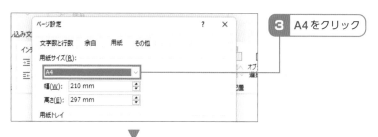

3 A4をクリック

用紙のサイズの一覧が表示されます。設定するサイズをクリックして選択
し、**OK** をクリックすると用紙のサイズが変更されます。

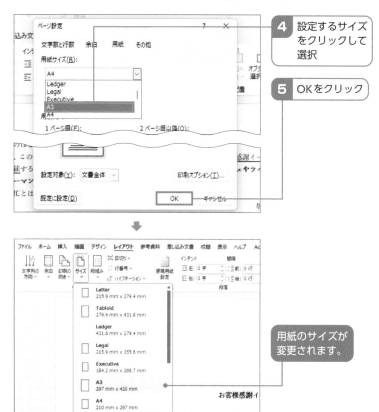

4 設定するサイズ
をクリックして
選択

5 OKをクリック

用紙のサイズが
変更されます。

3 書類の作成と設定

67

用紙の向きを設定する

初期設定では、用紙の向きは「縦」に設定されています。

レイアウトタブのページ設定グループの印刷の向きをクリックします。

1 印刷の向きをクリック

設定したい用紙の向き（ここでは横）をクリックします。

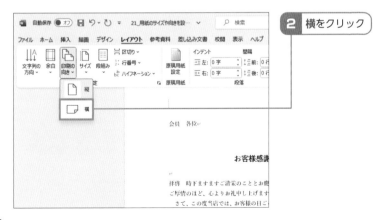

2 横をクリック

用紙の向きが変更されます。

用紙の向きが変更されます。

 Hint

[印刷] メニューから用紙の向きを変更する

用紙の向きは [印刷] メニューから変更することもできます。文書作成画面でファイルタブをクリックし、印刷をクリックして印刷メニューを表示します。横方向（または縦方向）をクリックし、任意の向きをクリックして選択します。詳しくは38ページを参照してください。

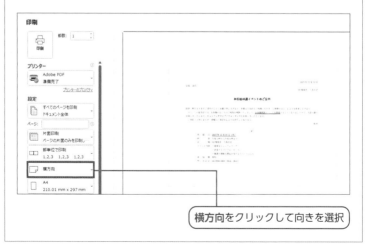

横方向をクリックして向きを選択

1行の文字数を設定する

初期設定では文書の1行あたりの文字数は指定されていませんが、「ページ設定」によって任意の文字数に設定することが可能です。文書が読みやすくなるように、文字数を設定しましょう。

1行の文字数を設定する

レイアウトタブのページ設定グループの「⌐」をクリックします。

1 「⌐」をクリック

ページ設定メニューが表示されたら、**文字数と行数を指定する**をクリックします。

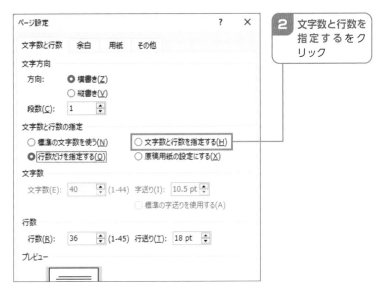

2 文字数と行数を指定するをクリック

文字数欄に設定したい文字数 (ここでは **30**) を入力します。

3 文字を入力

OKをクリックします。

4 OKをクリック

1行の文字数が調整されます。

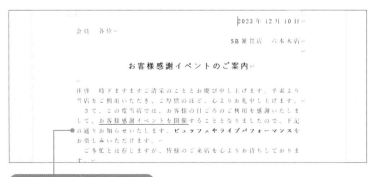

1行の文字数が調整されます。

3

71

Section

23

練習用ファイル 23_縦書きの文書を作成する.docx

縦書きの文書を作成する

ワードでは横書きだけでなく縦書きの文書も作成できます。［文字列の方向］から［縦書き］をクリックして選択することで設定の変更が可能です。原稿や案内状などを作成するときに利用しましょう。

縦書きの文書を作成する

レイアウトタブのページ設定グループの文字列の方向をクリックします。

1 文字列の方向を
クリック

方向の一覧が表示されます。縦書きをクリックすることで縦書きに変更できます。ここでは縦書きと横書きのオプションをクリックします。

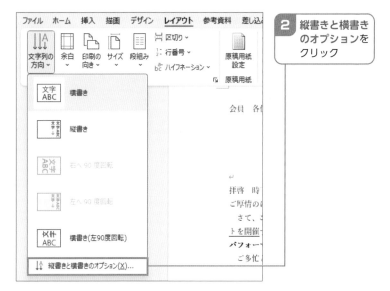

2 縦書きと横書き
のオプションを
クリック

縦書きと横書きメニューが表示されます。**文字の向き**から**縦書き**をクリックして選択します。

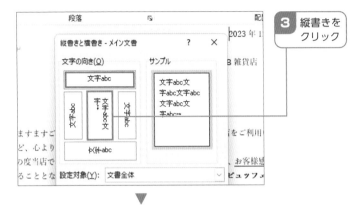

3 縦書きをクリック

OKをクリックします。

4 OKをクリック

縦書きの文書になります。

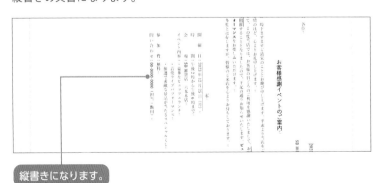

縦書きになります。

24 文字の書体や大きさを設定する

初期設定のまま新規の文書を作成すると、書体は「游明朝」、サイズは「10.5」に設定されます。これらの設定は後から自由に変更することができます。1つの文書に複数の書体やサイズを設定することも可能です。

⠿ 文字の書体を設定する

書体を変更する文字をドラッグして選択します。

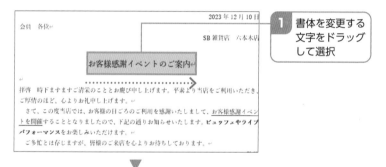

1 書体を変更する文字をドラッグして選択

ホームタブの**フォント**グループの書体名の右側にある「∨」をクリックします。

2 「∨」をクリック

選択可能な書体が一覧で表示されたら、変更したい書体 (ここでは **BIZ UDPゴシック**) をクリックします。

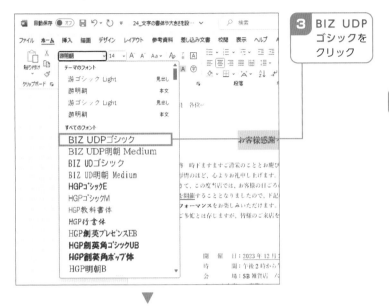

選択した書体に変更されます。

2023 年 12 月 10

会員 各位

SB 雑貨店 六本木

お客様感謝イベントのご案内

拝啓 時下ますますご清栄のこととお慶び申し上げます。平素より当店をご利用いただき ご厚情のほど、心よりお礼申し上げます。

さて、この度当店では、お客様の日ごろのご利用を感謝いたしまして、お客様感謝イベ トを開催することとなりましたので、下記の通りお知らせいたします。**ビュッフェやライ パフォーマンス**をお楽しみいただけます。

ご多忙とは存じますが、皆様のご来店を心よりお待ちしております。

敬

書体が変更されます。

▓ 文字の大きさを設定する

大きさを変更する文字をドラッグして選択します。

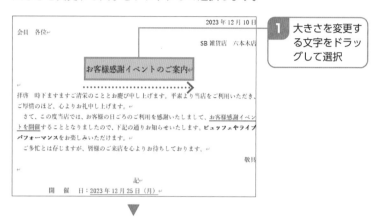

1 大きさを変更する文字をドラッグして選択

ホームタブの**フォント**グループの文字サイズの右側にある「˅」をクリックします。

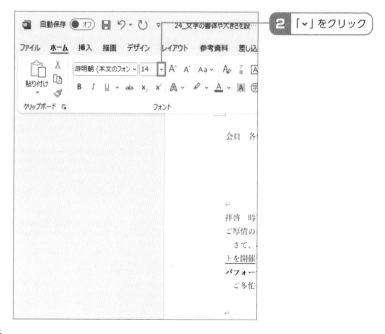

2 「˅」をクリック

文字のサイズが一覧で表示されます。設定したい大きさ（ここでは **16**）を
クリックします。

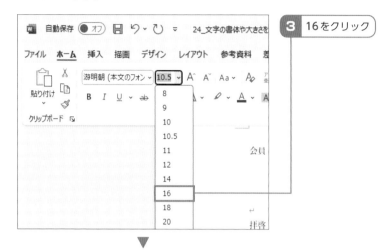

選択した文字サイズに変更されます。

SB 雑貨店　六本木

•お客様感謝イベントのご案内

拝啓　時下ますますご清栄のこととお慶び申し上げます。平素より当店をご利用いただき
ご厚情のほど、心よりお礼申し上げます。

　さて、この度当店では、お客様の日ごろのご利用を感謝いたしまして、お客様感謝イベン
トを開催することとなりましたので、下記の通りお知らせいたします。**ビュッフェやライ
ブパフォーマンス**をお楽しみいただけます。

　ご多忙とは存じますが、皆様のご来店を心よりお待ちしております。

文字のサイズが変更されます。

 Hint
文字サイズを数値で指定する

ホームタブのフォントグループの文字サイズ欄に数値を直接入力することでも、
文字サイズを指定することができます。

Section

25

文字に飾りを付ける

任意の文字に太字や斜体、下線などの飾りを付けることができます。メリ
ハリのきいた文書にしたいときに活用しましょう。同じ文字に複数の飾り
を適用することも可能です。

▦ 文字を太くする

太字にする文字をドラッグして選択します。

> 1 太字にする文字
> をドラッグして
> 選択

ホームタブの**フォント**グループの「**B**」をクリックします。

> 2 「**B**」をクリック

選択した文字が太字になります。

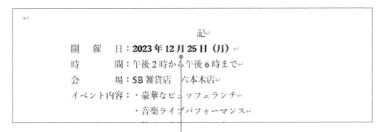

文字が太字になります。

78

::::: 文字を斜体にする

斜体にする文字をドラッグして選択します。

1 斜体にする文字をドラッグして選択

ホームタブの**フォント**グループの「*I*」をクリックします。

2 「*I*」をクリック

選択した文字が斜体になります。

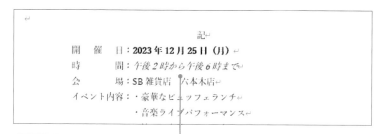

文字が斜体になります。

Hint
文字の飾りを解除する

飾りが付いた文字を選択し、**ホーム**タブの**フォント**グループの設定された飾りと同じアイコンをクリックすることで、文字の飾りを解除することができます。

下線を付ける

下線を付ける文字をドラッグして選択します。

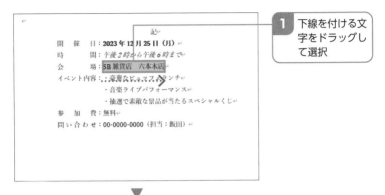

1 下線を付ける文字をドラッグして選択

ホームタブの**フォント**グループの「U」をクリックします。

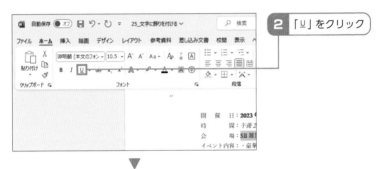

2 「U」をクリック

選択した文字に下線が付きます。

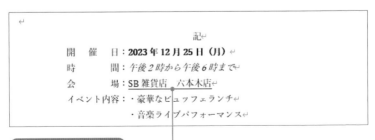

文字に下線が付きます。

::: その他の飾り

記↵

| 催　日：~~2023 年 12 月 25 日（月）~~
| 時　間：午後 2 時から午後 6 時まで↵
| 場：SB 雑貨店　六本木店↵
| イベント内容：・豪華なビュッフェランチ↵
　　　　　　　　・音楽ライブパフォーマンス↵
　　　　　　　　・抽選で素敵な景品が当たるスペシャ
| 加　費：無料↵
| 問い合わせ：00-0000-0000（担当：飯田）↵

文字に「取り消し線」を引くことができます。任意の文字をドラッグして選択し、**ホーム**タブの**フォント**グループにある「 ✄ 」をクリックします。

：SB 雑貨店　六本木店↵
：・豪華なビュッフェランチ↵
　・音楽ライブパフォーマンス↵
　　参加バンド「$C_{10}H_{16}N_5O_{13}P_3$」 ↵
　・抽選で素敵な景品が当たるスペシャルくじ↵
　・みんなで遊べるプール（約 540m^3）↵
：無料↵
：00-0000-0000（担当：飯田）↵

化学式や数式に利用される「下付き文字」、「上付き文字」を付けることができます。任意の文字をドラッグして選択し、下付きの場合は**ホーム**タブの**フォント**グループにある「 x_2 」を、上付きの場合は「 x^2 」をクリックします。

記↵

| 催　日：2023 年 12 月 25 日（月） ↵
| 時　間：午後 2 時から午後 6 時まで↵
| 場：SB 雑貨店　六本木店
| イベント内容：・豪華なビュッフェランチ↵
　　　　　　　　・音楽ライブパフォーマンス↵
　　　　　　　　参加バンド「$C_{10}H_{16}N_5O_{13}P_3$」 ↵
　　　　　　　　・抽選で素敵な景品が当たるスペシャ
　　　　　　　　・みんなで遊べるプール（約 540m^3）

文字に「囲み線」を付けることができます。任意の文字をドラッグして選択し、**ホーム**タブの**フォント**グループにある「Ⓐ」をクリックします。

練習用ファイル 26_文字の色を変更する.docx

文字の色を変更する

文字の色を任意に変更することが可能です。さまざまな色が用意されているので、強調したいところだけに色を付けたり、複数の文字をカラフルに色付けしたりすることができます。

文字の色を変更する

色を変更する文字をドラッグして選択します。

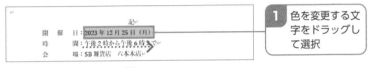

1 色を変更する文字をドラッグして選択

ホームタブの**フォント**グループの「A」の右側にある「∨」をクリックします。

2 「∨」をクリック

設定する色 (ここでは「■」) をクリックします。

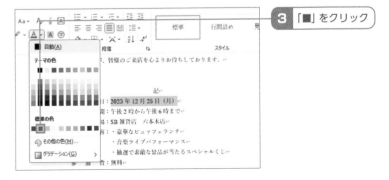

3 「■」をクリック

選択した文字の色が変更されます。

記

開　催　日：2023 年 12 月 25 日（月）

時　　　間：午後 2 時から午後 6 時まで

会　　　場：SB 雑貨店　六本木店

イベント内容：・豪華なビュッフェランチ

　　　　　　　・音楽ライブパフォーマンス

　　　　　　　・抽選で素敵な景品が当たるスペシャルくじ

参　加　費：無料

問い合わせ：00-0000-0000（担当：飯田）

文字の色が変更されます。

Hint　文字にマーカーを付ける

文字に蛍光ペンの色を付けることも可能です。任意の文字をドラッグして選択し、ホームタブのフォントグループにある「✐」をクリックします。

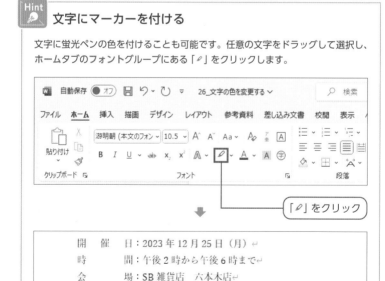

「✐」をクリック

フリガナを表示する

文書内の文字にはフリガナを表示させることができます。漢字の他には、アルファベットにもフリガナを振ることが可能です。なお、ワードではフリガナのことを「ルビ」と呼んでいます。

フリガナを表示する

フリガナを振る文字をドラッグして選択します。

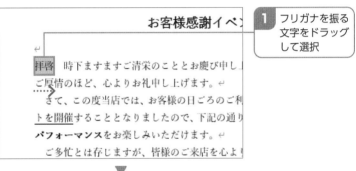

1 フリガナを振る文字をドラッグして選択

ホームタブの**フォント**グループの「 ⁊ 」をクリックします。

2 「 ⁊ 」をクリック

ルビメニューが表示されます。**ルビ**の読みが正しいか確認し、間違っている場合は正しい読みを入力します。

3 読みが正しいか確認

▼

OKをクリックします。

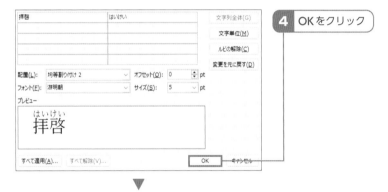

4 OKをクリック

▼

選択した文字にフリガナが振られます。

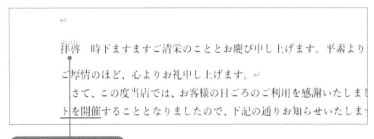

フリガナが振られます。

28 文字の間隔を調整する

文字と文字の間を狭くしたり、広くしたりしたいときは、文字間隔の設定を変更しましょう。1行に収めたいので文字間隔を狭くする、文書のタイトルや見出しの文字間隔を広くして強調するといった用途で使用されます。

▦ 文字の間隔を調整する

間隔を調整する文字をドラッグして選択します。

1 間隔を調整する文字をドラッグして選択

ホームタブの**フォント**グループの「⤓」をクリックします。

2 「⤓」をクリック

フォントメニューが表示されます。**詳細設定**をクリックし、現在選択している**文字間隔**（ここでは**標準**）をクリックします。

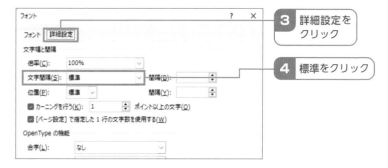

3 詳細設定をクリック

4 標準をクリック

間隔に数値（ここでは**7**）を入力します。

5 数値を入力

OK をクリックします。

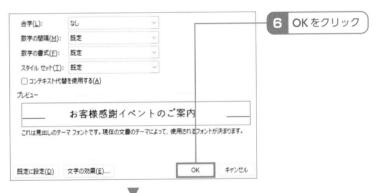

6 OK をクリック

文字間隔が調整されます。

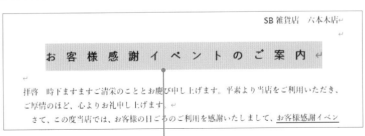

文字間隔が調整されます。

29 行の間隔を調整する

文字の間隔だけでなく、行の間隔も調整することが可能です。たとえば、文書が2ページ目にあふれる場合でも、行の間隔を調整することで文字を削除せずに1ページに収められます。

▦ 行の間隔を調整する

間隔を調整する行をドラッグして選択します。

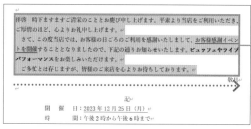

1 間隔を調整する行をドラッグして選択

ホームタブの**段落**グループの「≡」をクリックします。

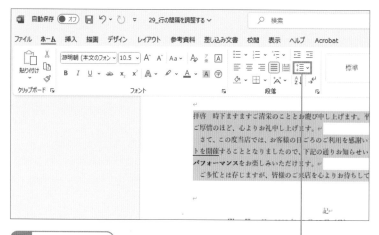

2 「≡」をクリック

行の間隔（ここでは **2.0**）をクリックします。

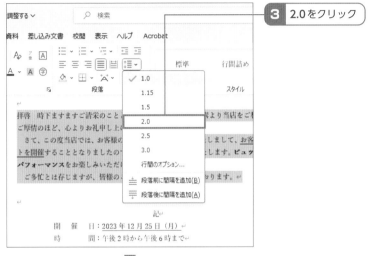

3 2.0をクリック

選択した行の間隔が調整されます。

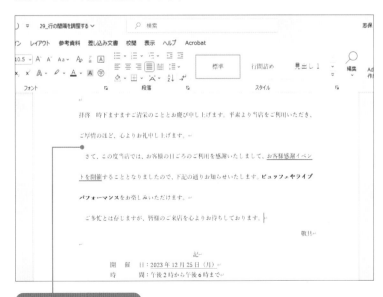

行の間隔が調整されます。

Section

30 文字を均等に割り付ける

文字の均等割り付けとは、文字を特定の文字幅に調整する機能です。箇条書きにしたい項目があった際に、各項目の横幅を同じに揃えると見やすい文書になります。

文字を均等に割り付ける

均等に割り付ける文字をドラッグして選択します。

1 均等に割り付ける文字をドラッグして選択

ホームタブの**段落**グループの「茴」をクリックします。

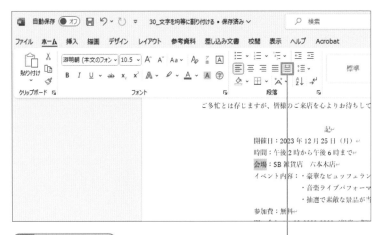

2 「茴」をクリック

文字の均等割り付けメニューが表示されます。

文字の均等割り付けメニューが表示されます。

▼

新しい文字列の幅に文字数（ここでは6）を入力し、**OK**をクリックします。

3 文字数を入力

4 OKをクリック

▼

指定した幅に合わせて、文字が均等に割り付けられます。

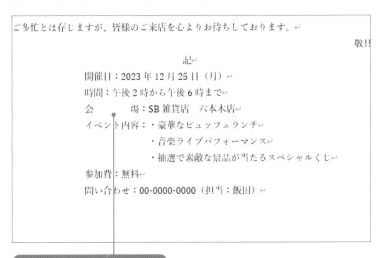

文字が均等に割り付けられます。

31

文字を右や左に揃える

日付の位置を右に揃えたり、見出しを中央に揃えたりと、文字を任意の位置に揃えることができます。揃えたい行にマウスカーソルを置いてアイコンをクリックするだけなのでお手軽です。

▦ 文字を右や左に揃える

右に揃える行をクリックしてマウスカーソルを置きます。

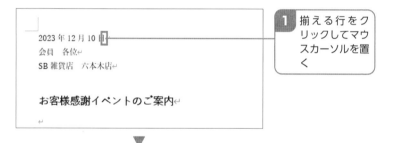

> **1** 揃える行をクリックしてマウスカーソルを置く

ホームタブの**段落**グループの「≡」をクリックすると、選択した行が右揃えになります。「≡」をクリックすると左揃えになります。

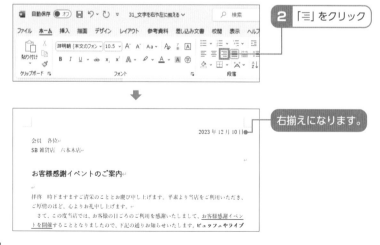

> **2** 「≡」をクリック

> 右揃えになります。

⠿ 文字を中央に揃える

中央に揃える行をクリックしてマウスカーソルを置きます。

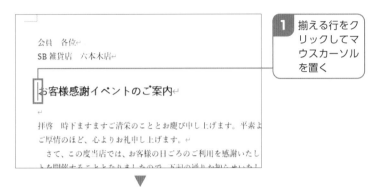

1 揃える行をクリックしてマウスカーソルを置く

ホームタブの**段落**グループの「≡」をクリックすると、選択した行が中央揃えになります。

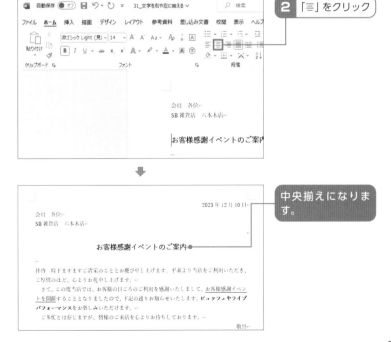

2 「≡」をクリック

中央揃えになります。

93

箇条書きを設定する

段落の先頭に記号を付けることで、箇条書きの文書を作成することができます。箇条書きの設定には、書きながら記号を自動で付ける方法と、すでに作成した文章を箇条書きにする方法があります。

箇条書きを作成する

箇条書きの文頭に記号（ここでは「●」）を入力し、キーボードの Space を押します。

1 「●」を入力し、 Space を押す

「☑」が表示されます。箇条書きの1行目の文字を入力し、 Enter を押します。

2 1行目の文字を入力し、 Enter を押す

自動的に箇条書きが設定され、2行目の行頭に記号が表示されます。同じ方法で2行目以降も入力していきます。

3 2行目を入力

::: すでに作成した文書に箇条書きを設定する

箇条書きを設定する箇所をドラッグして選択します。

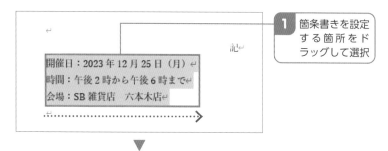

1 箇条書きを設定する箇所をドラッグして選択

ホームタブの**段落**グループの「≡」をクリックします。

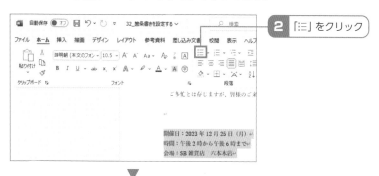

2 「≡」をクリック

選択した箇所に箇条書きが設定されます。

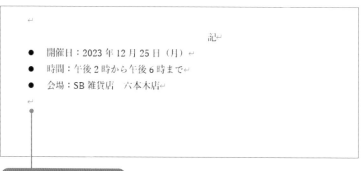

箇条書きが設定されます。

3

書類の作成と設定

95

33 段落番号を設定する

段落に対して1つずつ番号を振る設定を「段落番号」といいます。箇条書きよりも順番が明確になるので、式典のプログラムや優先順位を付けたいリストなどに活用するとよいでしょう。

段落番号を作成する

文頭に段落番号 (ここでは「①」) を入力し、キーボードの Enter を押します。

> **1** 「①」を入力し、Enter を押す

「⇨」が表示されます。1行目の文字を入力し、Enter を押します。

> **2** 1行目の文字を入力し、Enter を押す

自動的に段落番号が設定され、2行目の行頭に番号が表示されます。同じ方法で2行目以降も入力していきます。

> **3** 2行目を入力

▦ すでに作成した文書に段落番号を設定する

段落番号を設定する箇所をドラッグして選択します。

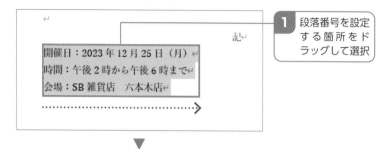

1 段落番号を設定する箇所をドラッグして選択

▼

ホームタブの**段落**グループの「≡」をクリックします。

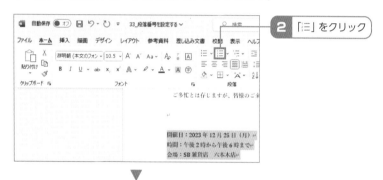

2 「≡」をクリック

▼

選択した箇所に段落番号が設定されます。

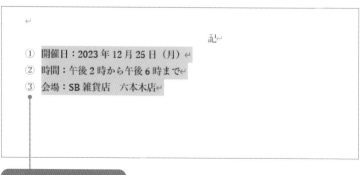

段落番号が設定されます。

97

自動で箇条書きなどにしないように設定する

行頭に●や①を入力すると、自動で箇条書きや段落番号に設定されてしまいます。意図していない場合は、[オートコレクト] メニューを表示して設定を解除しましょう。

自動で箇条書きなどにしないように設定する

ここでは、箇条書きの文頭に記号（●）を入力し、キーボードの[Space]を押します。

1 「●」を入力し、[Space]を押す

「🔽」が表示されたら、クリックします。

2 「🔽」をクリック

オートフォーマットオプションの設定をクリックします。

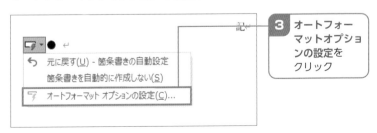

3 オートフォーマットオプションの設定をクリック

オートコレクトメニューが表示されたら、**箇条書き (行頭文字)** をクリックしてチェックを外します。

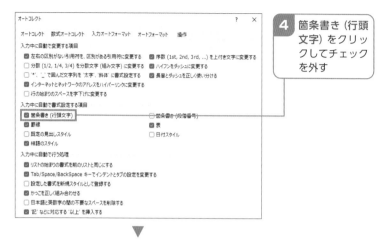

4 箇条書き (行頭文字) をクリックしてチェックを外す

OK をクリックします。

5 OKをクリック

「●」を入力しても箇条書きが自動で設定されないようになります。

自動で箇条書きが設定されないようになりました。

字下げを設定する

「字下げ」とは行頭に空白を作ることで、段落の始まりであることを表すものです。作文や文書などでよく用いられますが、ワードでも字下げを設定することができます。

字下げを設定する

字下げを設定する箇所をドラッグして選択します。

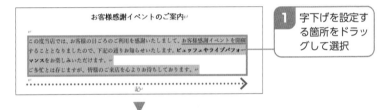

1 字下げを設定する箇所をドラッグして選択

ホームタブの段落グループの「⌐」をクリックします。

2 「⌐」をクリック

段落メニューが表示されたら、最初の行の (なし) をクリックします。

3 (なし) をクリック

字下げをクリックして選択します。

4 **字下げを
クリック**

字下げの**幅**を確認し、問題がなければ**OK**をクリックします。

5 **幅を確認**

6 **OKをクリック**

選択した箇所に字下げが設定されます。

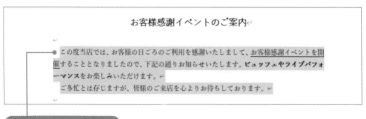

字下げが設定されます。

練習用ファイル　36_罫線や網掛けを設定する.docx

罫線や網掛けを設定する

文書を区切りたいときや切り取り線を付けたいときは罫線が、特定の文字や見出しを目立たせたいときは網掛けが便利です。どちらも1回のクリックで簡単に設定できます。

罫線を設定する

罫線を設定する文字をドラッグして選択します。

1 罫線を設定する文字をドラッグして選択

ホームタブの段落グループの「田」をクリックします。

2 「田」をクリック

選択した文字に罫線が設定されます。

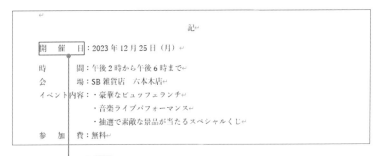

罫線が設定されます。

網掛けを設定する

網掛けを設定する文字をドラッグして選択します。

1 網掛けを設定する文字をドラッグして選択

ホームタブの**フォント**グループの「 A 」をクリックします。

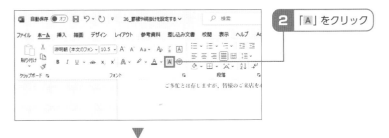

2 「 A 」をクリック

選択した文字に網掛けが設定されます。

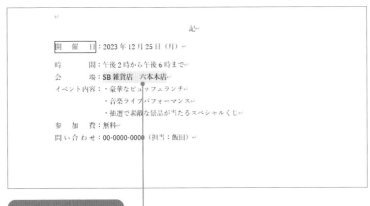

網掛けが設定されます。

Section

37 段組みを設定する

「段組み」とは、文章を途中で折り返して2段や3段にしたレイアウトのことをいいます。1行あたりの長さが短くなるため、読みやすい文書になります。ワードでは [レイアウト] タブから設定ができます。

段組みを設定する

段組みを設定する箇所をドラッグして選択します。

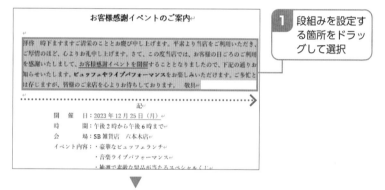

1 段組みを設定する箇所をドラッグして選択

レイアウトタブの**ページ設定**グループの**段組み**をクリックします。

2 段組みをクリック

段組みが一覧で表示されます。設定したい段組み（ここでは**2段**）をクリックします。

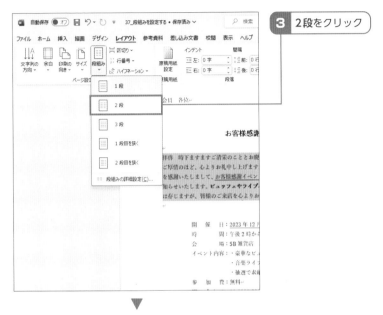

3 2段をクリック

▼

選択した箇所に段組みが設定されます。

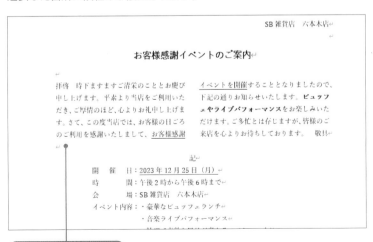

段組みが設定されます。

3

書類の作成と設定

脚注を挿入する

文書の内容を補足したいときや難しい言葉を説明したいときは「脚注」を
活用しましょう。任意の文字に脚注を付けると、そのページの下部に説明
を表示させることができます。

脚注を挿入する

脚注を挿入する文字をドラッグして選択します。

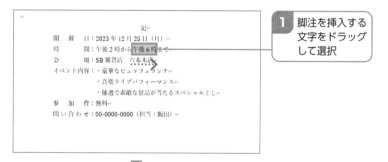

1 脚注を挿入する
文字をドラッグ
して選択

▼

参考資料タブの脚注グループの**脚注の挿入**をクリックします。

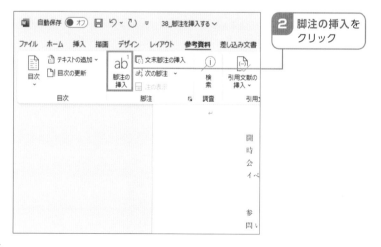

2 脚注の挿入を
クリック

ページの下部に脚注が表示されたら、脚注の内容を入力します。

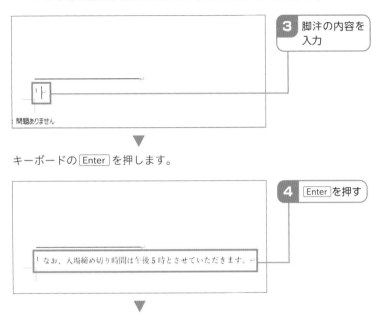

3 脚注の内容を入力

↓

キーボードの Enter を押します。

4 Enter を押す

↓

選択した文字に脚注が挿入されます。

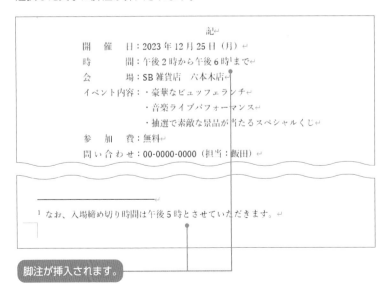

脚注が挿入されます。

ヘッダー/フッターを挿入する

文書の上の余白部分を「ヘッダー」、下の余白部分を「フッター」といいます。ヘッダーには文書のタイトルや日付を、フッターには文書のページ番号などを入れることができます。会議資料など、紙に印刷する場合に役立ちます。

ヘッダーを挿入する

挿入タブの**ヘッダーとフッター**グループの**ヘッダー**をクリックします。

1 ヘッダーをクリック

▼

ヘッダーのスタイルの一覧が表示されます。ここでは、**空白**をクリックします。

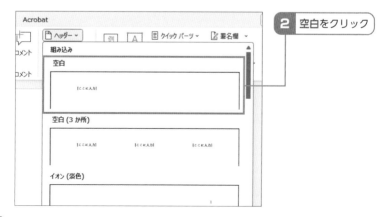

2 空白をクリック

文書にヘッダーが追加されたら、[**ここに入力**]にヘッダーに追加したい
文字を入力します。

3

書類の作成と設定

3 ヘッダーに追加したい文字を入力

ヘッダーに文字を追加したら、**ヘッダーとフッターを閉じる**をクリックし
ます。

4 ヘッダーとフッターを閉じるをクリック

文書作成画面に戻り、ヘッダーが追加されていることが確認できます。

ヘッダーが追加されます。

::: フッターを挿入する

挿入タブの**ヘッダーとフッター**グループの**フッター**をクリックします。

1 フッターをクリック

▼

フッターのスタイルの一覧が表示されます。ここでは、**空白**をクリックします。

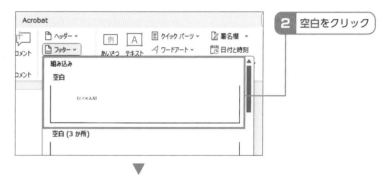

2 空白をクリック

▼

[**ここに入力**] にフッターに追加したい文字を入力し、**ヘッダーとフッターを閉じる**をクリックします。

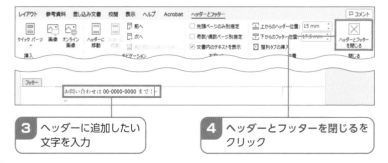

3 ヘッダーに追加したい文字を入力

4 ヘッダーとフッターを閉じるをクリック

第 4 章

文書の編集

Section

40 編集する文字を選択する

文書の編集に欠かせない操作が、文字の選択です。選択することで、特定の文字だけを変換したり、多くの文字を一括で削除したりすることができます。ここでは、2つの方法を紹介します。

⠿ 編集する文字を選択する

編集する文字の左側をクリックしてマウスカーソルを置きます。

1 編集する文字の
左側をクリック

キーボードの Shift を押しながら、選択したい文字数分だけ → を押します。

2 文字数分だけ
→ を押す

文字が選択された状態になります。

SB 雑貨店　六本木店

お客様感謝イベントのご案内

拝啓　時下ますますご清栄のこととお慶び申し上げます。平素より当店をご利用いただき、ご厚情のほど、心よりお礼申し上げます。

文字が選択されます。

⠿ ドラッグして文字を選択する

編集する文字の左側までマウスカーソルを移動します。

1 編集する文字の左側までマウスカーソルを移動

任意の位置までドラッグします。

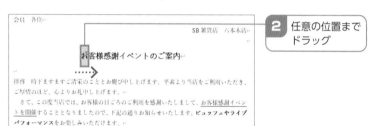

2 任意の位置までドラッグ

文字が選択された状態になります。

会員　各位

SB 雑貨店　六本木店

お客様感謝イベントのご案内

拝啓　時下ますますご清栄のこととお慶び申し上げます。平素より当店をご利用いただき、ご厚情のほど、心よりお礼申し上げます。

　さて、この度当店では、お客様の日ごろのご利用を感謝いたしまして、お客様感謝イベントを開催することとなりましたので、下記の通りお知らせいたします。**ビュッフェやライブパフォーマンス**をお楽しみいただけます。

　ご多忙とは存じますが、皆様のご来店を心よりお待ちしております。

敬具

文字が選択されます。

Section

41

文字を挿入/上書きする

パソコンでの入力は、入力するとマウスカーソルの位置から文字が追加される「挿入モード」と、文字を上書きする「上書きモード」の2種類があります。

::: 文字を挿入する

文字を挿入する位置をクリックします。

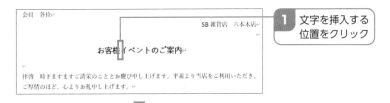

1 文字を挿入する位置をクリック

マウスカーソルが置かれるので、挿入したい文字を入力します。

2 文字を入力

文字が挿入されます。

会員　各位

SB 雑貨店　六本木店

お客様感謝イベントのご案内

拝啓　時下ますますご清栄のこととお慶び申し上げます。平素より当店をご利用いただき、ご厚情のほど、心よりお礼申し上げます。

文字が挿入されます。

▓ 文字を上書きする

最初に「挿入モードと上書きモード」の切り替えが表示されるように設定
します。**ステータスバー**を右クリックし、**上書き入力**をクリックします。

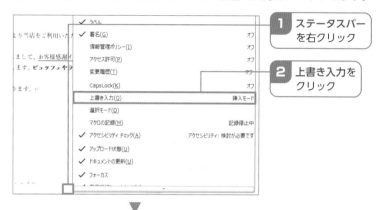

1 ステータスバー
　を右クリック

2 上書き入力を
　クリック

ステータスバーに「挿入モードと上書きモード」の切り替えが表示されま
す。ステータスバーの**挿入モード**をクリックします。

3 挿入モードを
　クリック

文字を上書きしたい位置をクリックしてマウスカーソルを置き、文字を入
力すると、マウスカーソルの右側の文字が上書きされます。

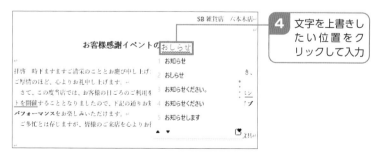

4 文字を上書きし
　たい位置をク
　リックして入力

Section

42 文字を削除する

文書を作成した後に内容に間違いがあった場合は、文字を削除して修正しましょう。1字ずつ任意の文字を削除できます。また、文字の選択を使用して、一括で多くの文字を削除することも可能です。

∷∷∷ 文字を削除する

削除する文字の右側をクリックしてマウスカーソルを置きます。

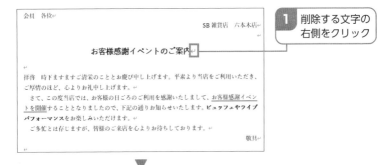

1 削除する文字の右側をクリック

キーボードの Back space を押すと、マウスカーソルの左側にある文字が1字ずつ削除されます。

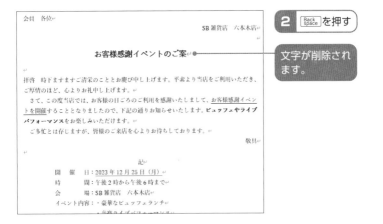

2 Back space を押す

文字が削除されます。

::: 文字を一括で削除する

削除する文字をドラッグして選択します。

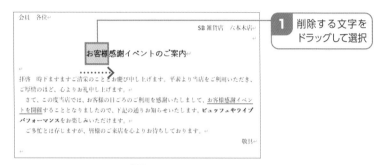

1 削除する文字を
ドラッグして選択

▼

キーボードの [Delete] または [Back space] を押すと、文字が一括で削除されます。

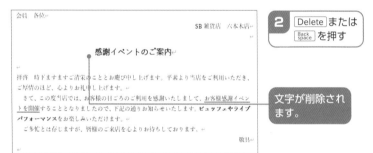

2 [Delete] または
[Back space] を押す

文字が削除され
ます。

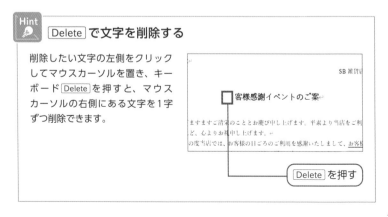

Hint

[Delete] で文字を削除する

削除したい文字の左側をクリック
してマウスカーソルを置き、キー
ボード [Delete] を押すと、マウス
カーソルの右側にある文字を1字
ずつ削除できます。

[Delete] を押す

Section

43 文字を移動する

文字を選択して切り取り、目的の位置で貼り付けを行うと、スムーズに文字を移動することができます。選択した文字をドラッグすることでも移動が可能です。

::: 文字を切り取る

移動したい文字（ここでは**資格**）をドラッグして選択します。

> **1** 移動したい文字をドラッグして選択

ホームタブの**クリップボード**グループの「✗」をクリックすると、選択した文字を切り取ります。

> **2** 「✗」をクリック

::: 文字を移動する

文字を切り取った状態で、文字を移動する位置をクリックしてマウスカーソルを置きます。

> **1** 文字を移動する位置をクリックしてマウスカーソルを置く

ホームタブの**クリップボード**グループの**貼り付け**をクリックします。

2 貼り付けを
クリック

▼

貼り付けのオプションが表示されます。「✍」(元の書式を保持) をクリックすると、切り取った文字が移動します。

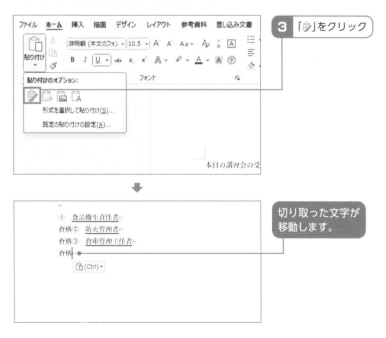

3 「✍」をクリック

切り取った文字が
移動します。

Hint

ドラッグで移動する

移動する文字を選択した後、選択箇所をクリックし任意の位置までドラッグすることでも文字を移動させることができます。

Section

44 文字を検索/置換する

文書の内容を確認する際などには「検索」が便利です。目的の文字を入力するだけで、文書内に入力されている箇所を表示できます。検索結果で強調して表示された文字は一括で「置換」することも可能です。

文字を検索する

ホームタブの編集グループの編集をクリックします。

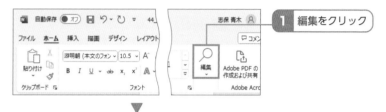

1 編集をクリック

検索をクリックします。

2 検索をクリック

文書作成画面の左側に**ナビゲーション**メニューが表示されたら、**文書の検索**欄に検索したい文字を入力し、[Enter]を押します。

3 文字を入力

4 [Enter]を押す

入力した文字が文書内にある場合、文字に黄色のマーカーが付いた状態になります。

ナビゲーションメニューには、検索された文字を含む前後の文章が一覧表示されます。検索結果をクリックします。

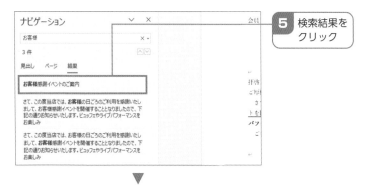

クリックした箇所の文字が強調されます。

文字を置換する

ホームタブの編集グループの編集をクリックします。

1 編集をクリック

▼

置換をクリックします。

2 置換をクリック

検索と置換メニューが表示されます。検索する文字列欄に検索したい文字を、置換後の文字列欄に置き換えたい文字を入力します。

3 検索したい文字を入力   4 置き換えたい文字を入力

1つずつ置換したい場合は、**置換**をクリックします。

5 置換をクリック

文書内でいちばん先頭に位置する文字が置換されます。文書内のすべての
文字を置換したい場合は、**すべて置換**をクリックします。

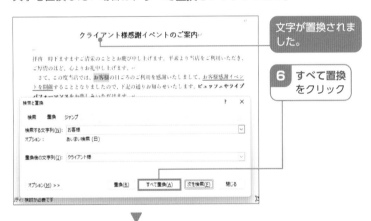

文字が置換されま
した。

6 すべて置換
をクリック

文書内のすべての文字が置換され、置換を行った個数が表示されます。

文字が置換されました。

誤字や脱字をチェックする

「スペルチェックと文章校正」を活用すると、文書内の誤字や脱字の検索、修正ができます。アルファベットを入力している場合は、スペルのミスも確認できます。

誤字や脱字をチェックする

校閲タブの文章校正グループのスペルチェックと文章校正をクリックします。

1 スペルチェックと文章校正をクリック

誤字や脱字がある場合は、**文章校正**メニューが表示されます。**誤りのチェック**に表示されている候補（ここでは**入力ミス？**）をクリックします。

文章校正メニューが表示されます。

2 入力ミス？をクリック

誤りと判断された理由を確認できます。

誤りの内容を確認できます。

修正をしたい場合は、**修正候補の一覧**から修正後の文字をクリックして選択します。

3 修正後の文字をクリック

文字が修正され、次の誤字や脱字の候補が表示されます。修正の必要がない場合は、**無視**をクリックします。

4 無視をクリック

すべての誤字と脱字を修正すると「文章の校正が完了しました。」と表示されます。**OK**をクリックすると、文書作成画面に戻ります。

5 OKをクリック

Hint

誤りのある箇所を読み上げる

文章校正メニューで「◀」をクリックすると、文書内の誤りのある箇所が音声で読み上げられます。

125

Section

46 表記のゆれをチェックする

「ユーザー」と「ユーザ」など、同じ意味の言葉が複数の表記で混在している状態のことを「表記のゆれ」といいます。ワードには、表記のゆれをチェックする機能があります。

表記のゆれをチェックする

校閲タブの言語グループの「🔲」をクリックします。

1　「🔲」をクリック

表記ゆれがある場合は、**表記ゆれチェック**メニューが表示されます。表記ゆれがない場合は「文章の校正が完了しました。」と表示されます。

表記ゆれチェックメニューが表示されます。

対象となる表記の一覧欄に表記ゆれがある箇所が一覧表示されるので、修正する文字をクリックして選択します。

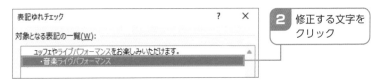

2　修正する文字をクリック

修正候補欄から修正後の文字をクリックして選択し、**変換**をクリックします。文書内のすべての表記ゆれを修正したい場合は、**すべて修正**をクリックします。

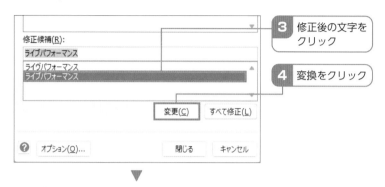

3 修正後の文字を
　クリック

4 変換をクリック

修正が完了したら、**閉じる**をクリックします。

5 閉じるを
　クリック

「文章の校正が完了しました。」と表示されます。**OK**をクリックすると、文書作成画面に戻ります。

6 OKをクリック

Section

47 コメントを挿入する

文書内の任意の箇所に「コメント」を挿入することができます。コメント
とは、文書にふせんを付けるようにメモを残すことができる機能です。他
の人に内容を検討してほしいところを強調することができます。

コメントを挿入する

コメントを挿入する文字をドラッグして選択します。

1 ドラッグして
選択

校閲タブの**コメント**グループの**新しいコメント**をクリックします。

2 新しいコメント
をクリック

選択した文字にコメントが追加されます。**会話を始める**にコメントの内容
を入力します。

3 コメントの内容を入力

コメントの内容を入力したら「▷」をクリックします。なお、「✕」をクリックするとコメントが削除されます。

4 ▷ をクリック

▼

コメントが追加されます。

コメントが追加されました。

Hint
コメントを編集する

追加したコメントの「✎」をクリックすると、コメントの内容を編集できるようになります。

「✎」をクリックして編集

129

::: コメントに返信する

返信するコメントの**返信**をクリックし、返信内容を入力します。

1 返信をクリック

2 返信内容を入力

▼

返信の内容を入力したら「▷」をクリックします。

3 「▷」をクリック

▼

コメントへの返信が追加されます。

返信が追加されました。

第 5 章

表や図の挿入

練習用ファイル 48_表を作成する.docx

48 表を作成する

任意の行数、列数の表を作成することができます。行数や列数を数値で入力して作成する方法の他にも、表示されたグリッドをドラッグして直感的に作成する方法があります。

行数や列数を指定して表を作成する

表を作成する位置をクリックしてマウスカーソルを置きます。

1 表を作成する
位置をクリック

挿入タブの表グループの表をクリックします。

2 表をクリック

表の挿入をクリックします。

3 表の挿入を
クリック

表の挿入メニューが表示されます。**列数**と**行数**にそれぞれ数値を入力し、**OK**をクリックすると、表が作成されます。

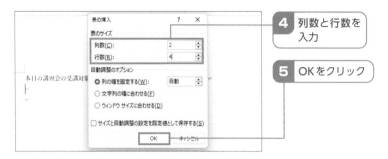

4 列数と行数を入力

5 OKをクリック

▦ ドラッグで行数や列数を指定する

挿入タブの**表**グループの**表**をクリックします。グリッド上でマウスカーソルを移動すると、作成される表の行数、列数が表示されます。作成したい表の行数、列数の位置までドラッグすると、表が作成されます。

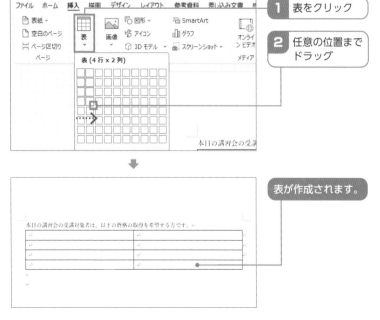

1 表をクリック

2 任意の位置までドラッグ

表が作成されます。

表の行や列を追加/削除する

作成した表は、後から行数や列数を追加したり、削除したりして調整することができます。行数や列数の調整は、表の選択中にのみ表示される [レイアウト] タブから行います。

行を追加する

追加する位置の上の行をクリックしてマウスカーソルを置きます。

> **1** 追加する位置の上の行をクリック

表をクリックしたときに表示される**レイアウト**タブの**行と列**グループの**下に行を挿入**をクリックします。

> **2** 下に行を挿入をクリック

選択した行の下に、行が追加されます。

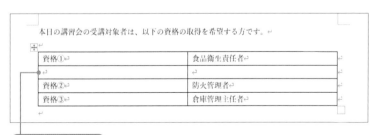

行が追加されます。

■ 行を削除する

削除する行をクリックしてマウスカーソルを置きます。

1 削除する行を
クリック

表をクリックしたときに表示される**レイアウト**タブの**行と列**グループの**削除**をクリックします。

2 削除をクリック

ここでは、**行の削除**をクリックします。

3 行の削除を
クリック

選択した行が削除されます。

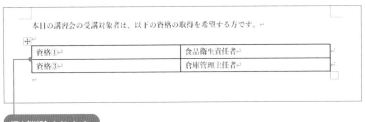

行が削除されます。

列を追加する

追加する位置の右の列をクリックしてマウスカーソルを置きます。

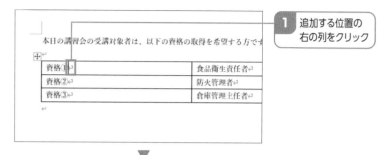

 1 追加する位置の
右の列をクリック

表をクリックしたときに表示される**レイアウト**タブの**行と列**グループの**左
に列を挿入**をクリックします。

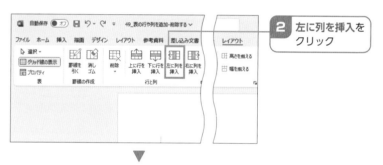

 2 左に列を挿入を
クリック

選択した列の左に、列が追加されます。

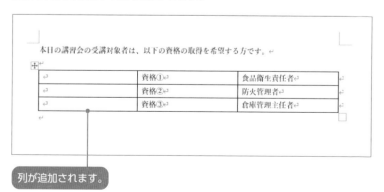

列が追加されます。

▓ 列を削除する

削除する列をクリックしてマウスカーソルを置きます。

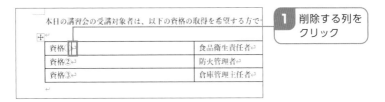

1 削除する列を
クリック

表をクリックしたときに表示される**レイアウト**タブの**行と列**グループの**削除**をクリックします。

2 削除をクリック

ここでは、**列の削除**をクリックします。

3 列の削除を
クリック

選択した列が削除されます。

列が削除されます。

50 表の大きさを変更する

行や列の高さ、幅は自由に変更することができます。表内の文字数や文字の大きさによって表の大きさを調整することで、より見やすい表にすることができます。

::: 表の高さを変更する

高さを変更する行をクリックしてマウスカーソルを置きます。

1 高さを変更する行をクリック

表をクリックしたときに表示される**レイアウト**タブの**セルのサイズ**グループの高さ (ここでは**6.4mm**) をクリックします。

2 6.4mmをクリック

高さが入力できるようになります。任意の高さを入力し、Enter を押します。

3 任意の高さを入力   4 Enter を押す

高さが変更されます。

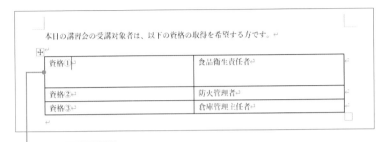

高さが変更されます。

::::: 表の幅を変更する

幅を変更する行をクリックしてマウスカーソルを置き、表をクリックした
ときに表示される**レイアウト**タブの**セルのサイズ**グループの幅をクリック
します。任意の幅を入力し、Enter を押します。

1 幅をクリックして任意の幅を入力

2 Enter を押す

幅が変更されます。

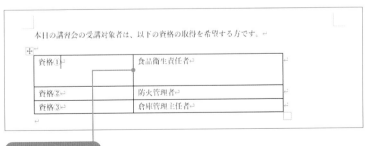

幅が変更されます。

表内の文字の配置を設定する

表内の文字は右や左、中央、上下に揃えることができます。表の項目名を
中央揃えに、表内の文章を左揃えにするといったルールを設けて作成する
と、とても見やすい表になります。

⠿ 表内の文字の配置を設定する

文字の配置を設定する箇所をクリックしてマウスカーソルを置きます。

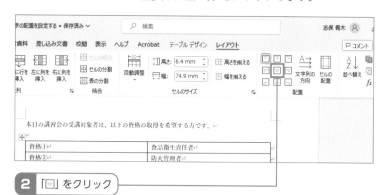

1 文字の配置を
設定する箇所
をクリック

資格①	食品衛生責任者
資格②	防火管理者
資格③	倉庫管理主任者

表をクリックしたときに表示される**レイアウト**タブの**配置**グループから設
定したい配置 (ここでは「☰」(中央揃え)) をクリックします。

2 「☰」をクリック

選択した箇所の文字の配置が中央揃えになります。

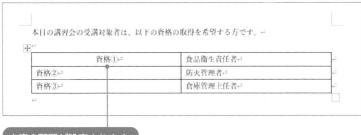

文字の配置が設定されます。

Hint

表内の文字の方向を設定する

表内の文字の方向も変更することができます。文字の方向を設定したい箇所をクリックしてマウスカーソルを置き、表をクリックしたときに表示されるレイアウトタブの配置グループの文字列の方向をクリックします。選択した箇所の文字の方向が縦書きになります。

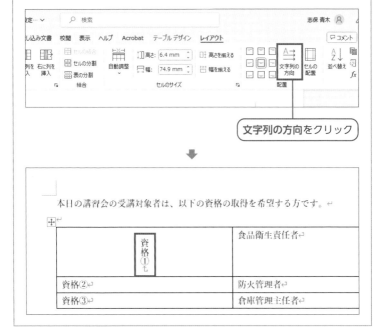

文字列の方向をクリック

141

Section

52 表内の数値を計算する

商品の売り上げや試験の得点といった合計や平均などを求めたい場合は、
「計算式」を使って計算しましょう。ここでは、試験の合計点を求める方
法を解説します。

表内の数値を計算する

合計点を表示する箇所をクリックしてマウスカーソルを置きます。

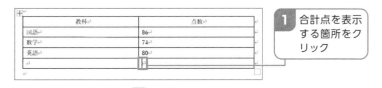

> **1** 合計点を表示する箇所をクリック

表をクリックしたときに表示される**レイアウト**タブの**データ**グループの**計算式**をクリックします。

> **2** 計算式をクリック

計算式メニューが表示されたら、**表示形式**の「⌄」をクリックします。

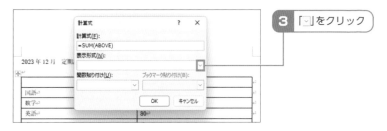

> **3** 「⌄」をクリック

表示形式が一覧表示されます。ここでは **0** をクリックします。

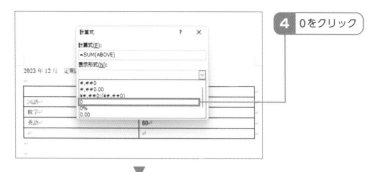

4 0をクリック

▼

OK をクリックします。

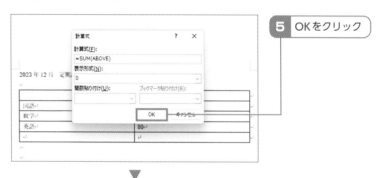

5 OKをクリック

▼

選択した箇所に合計点が表示されます。

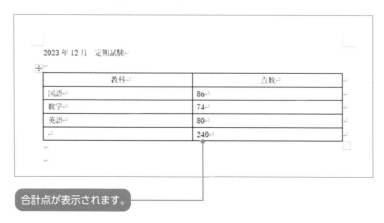

合計点が表示されます。

Section

53 エクセルの表を貼り付ける

ワードで作成している文書に、エクセルで作成した表を貼り付けることができます。ワードでも表を作成することはできますが、文書はワード、表はエクセルと作業を分けることも効率が上がる手段の1つです。

::: エクセルの表をコピーする

コピー元のエクセルファイルを開き、ワードに貼り付けたい表をドラッグして選択します。

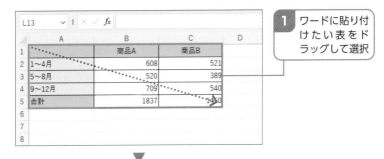

1 ワードに貼り付けたい表をドラッグして選択

ホームタブのクリップボードグループの「🗎」をクリックします。

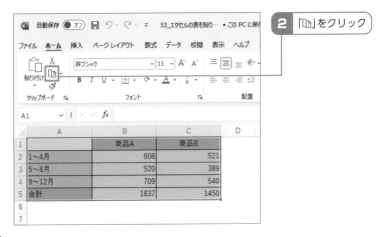

2 「🗎」をクリック

::: コピーした表を貼り付ける

ワードファイルを開き、表を貼り付ける箇所をクリックしてマウスカーソルを置きます。

3 表を貼り付ける箇所をクリック

▼

ホームタブの**クリップボード**グループの**貼り付け**をクリックします。

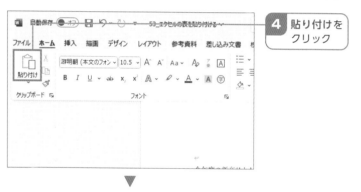

4 貼り付けをクリック

▼

エクセルの表がワードの文書内に貼り付けられます。

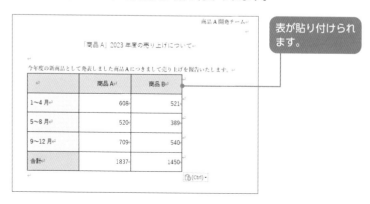

表が貼り付けられます。

図形を挿入する

ワードにはさまざまな図形が用意されており、任意の位置、大きさで文書内に挿入することができます。挿入した図形は後から大きさや角度を調整することも可能です。

図形を挿入する

挿入タブの図グループの図形をクリックします。

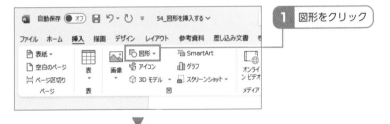

1 図形をクリック

図形が一覧表示されたら、挿入する図形 (ここでは「⇨」) をクリックします。

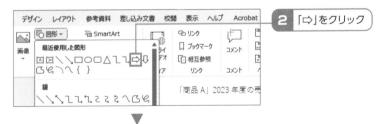

2 「⇨」をクリック

マウスカーソルの形が「＋」になります。図形を挿入する位置をクリックし、任意の大きさになるまでドラッグします。

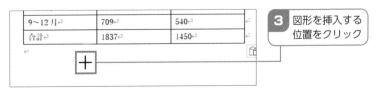

3 図形を挿入する位置をクリック

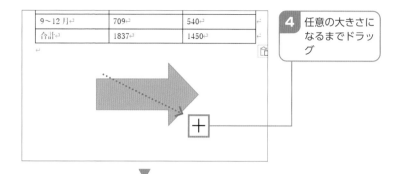

| 9～12 月↵ | 709↵ | 540↵ | ↵ |
| 合計↵ | 1837↵ | 1450↵ | ↵ |

4 任意の大きさに
なるまでドラッグ

▼

図形が挿入されます。

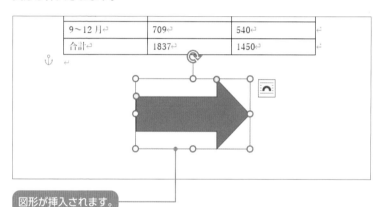

| 9～12 月↵ | 709↵ | 540↵ | ↵ |
| 合計↵ | 1837↵ | 1450↵ | ↵ |

図形が挿入されます。

> **Hint**
>
> ### 図形の色を変更する
>
> 図形をクリックしたときに表示される図形の書式タブの図形のスタイルグループの図形の塗りつぶしから任意の色をクリックすると、図形の色を変更できます。
>
>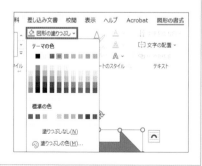

55 文章内に図形を入れ込む

初期設定のままで図形を挿入すると、図形が文章の前面にかぶさるように配置されます。「レイアウトオプション」の「文字列の折り返し」の変更によって、文章内に図形を入れ込むことができます。

文章内に図形を入れ込む

挿入タブの図グループの**図形**をクリックします。

1 図形をクリック

図形が一覧表示されたら、挿入する図形 (ここでは「□」) をクリックします。

2 「□」をクリック

任意の位置と大きさで図形を挿入し、「⌒」をクリックします。

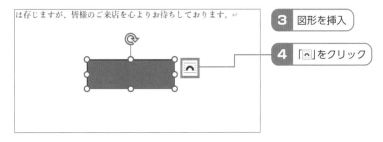

3 図形を挿入

4 「⌒」をクリック

レイアウトオプションメニューが表示されたら、**文字列の折り返し**の「⌒」
(四角形) をクリックします。

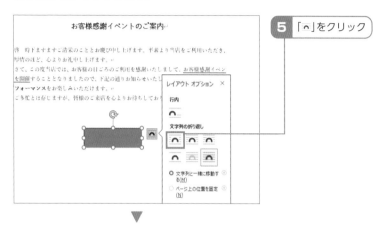

5 「⌒」をクリック

文章が文字の周りで折り返されるように設定されました。文章内に図形を
ドラッグして移動し、図形を入れ込みます。

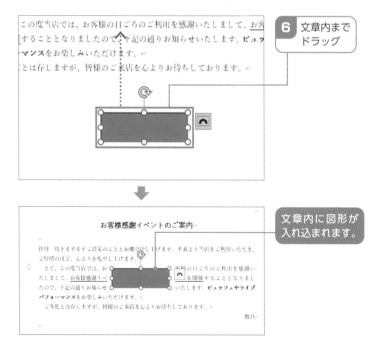

6 文章内まで
ドラッグ

文章内に図形が
入れ込まれます。

56

図形を変形／回転する

文書内に挿入した図形は、大きさや角度の調整が可能です。図形の周りの
アイコンを任意の位置までドラッグするだけなので、直感的な操作で変形
や回転ができます。

図形を変形する

図形をクリックして選択し、「○」をクリックします。

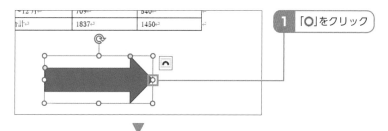

1 「○」をクリック

図形を変形できる状態になります。任意の大きさになるまでドラッグする
と、図形が変形します。

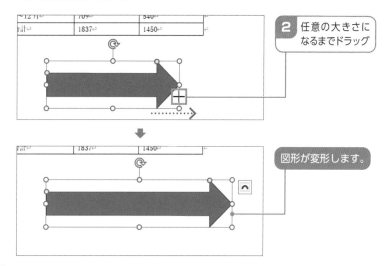

2 任意の大きさに
なるまでドラッグ

図形が変形します。

⠿ 図形を回転する

図形をクリックして選択し、「⟳」をクリックします。

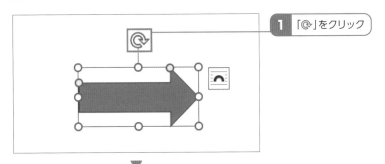

1 「⟳」をクリック

図形を回転できる状態になります。任意の角度になるまで「⟳」を動かすと、図形が回転します。

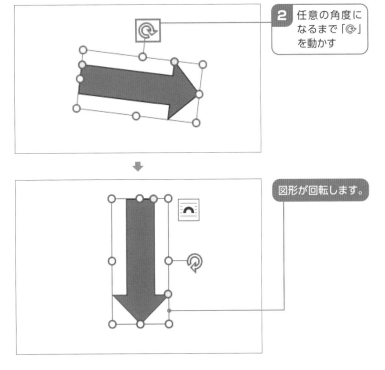

2 任意の角度に
なるまで「⟳」
を動かす

図形が回転します。

練習用ファイル 57_図形のスタイルを変更する.docx

図形のスタイルを変更する

[図形の書式] タブの [図形のスタイル] グループにはさまざまなスタイルが用意されています。ここで任意のスタイルをクリックして選択するだけで、図形の色や効果をまとめて変更できます。

::: 図形のスタイルを変更する

図形をクリックしたときに表示される図の形式タブの図形のスタイルグループの「▾」をクリックします。

1 「▾」をクリック

スタイルが一覧表示されたら、設定するスタイルをクリックします。

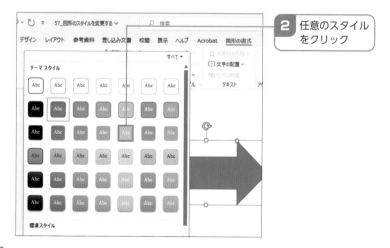

2 任意のスタイルをクリック

図形のスタイルが変更されます。

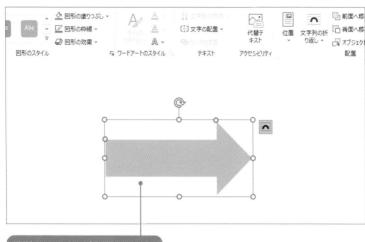

図形のスタイルが変更されます。

Hint 図形内に文字を入力する

図形をクリックして選択した状態で文字を入力すると、図形内に文字を表示させることができます。図形内の文字も文書と同様に書体や大きさ、色の変更が可能です。

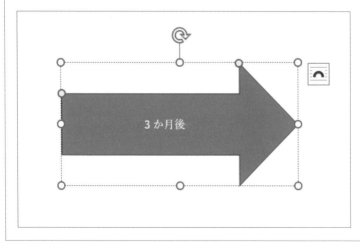

3か月後

153

Section

58

図形の位置を整える

挿入した図形は位置を自由に調整できます。ドラッグして移動する方法もありますが、「配置」を活用すると、右揃えや中央揃えなど正確な位置に移動させることが可能です。

図形の位置を整える

位置を整える図形をクリックして選択し、図形をクリックしたときに表示される**図形の書式**タブの**配置**グループの「🏳」をクリックします。

1 「🏳」をクリック

配置 (ここでは**左右中央揃え**) をクリックすると、図形の位置が文書の中央に整えられます。

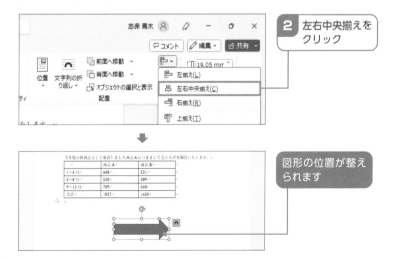

2 左右中央揃えをクリック

図形の位置が整えられます

図形を整列させる

整列させる図形を選択します。

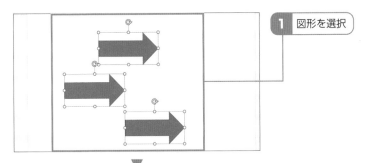

1 図形を選択

図形をクリックしたときに表示される**図形の書式**タブの**配置**グループの
「⊫」をクリックします。配置（ここでは**左揃え**）をクリックすると、図形
が整列します。

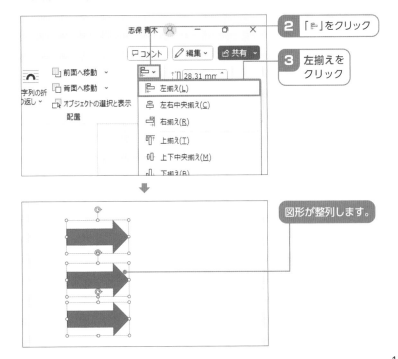

2 「⊫」をクリック

3 左揃えを
クリック

図形が整列します。

Section

59 写真を挿入する

文書に写真を挿入することができます。ここでは、パソコンに保存している写真を挿入する方法について紹介します。挿入した写真は、図形と同じように移動や変形、回転などで調整できます。

写真を挿入する

挿入タブの図グループの画像をクリックします。

1 画像をクリック

▼

画像の挿入元を選択します。パソコンに保存した写真を挿入する場合は、**このデバイス…**をクリックします。

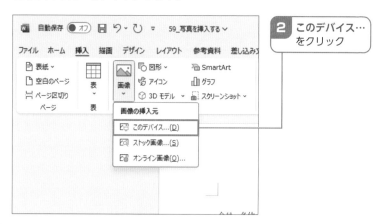

2 このデバイス…
をクリック

図の挿入メニューが表示されたら、挿入したい写真をクリックして選択し、**挿入**をクリックします。

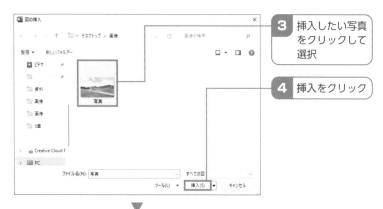

3 挿入したい写真をクリックして選択

4 挿入をクリック

▼

文書に写真が挿入されます。図形と同様に、移動や変形、回転をして、位置を調整します。

写真が挿入されます。

157

写真を切り抜く

文書内に挿入した写真は「トリミング」によって任意の位置で切り抜くことができます。なお、トリミングされた箇所はファイルから削除されていないため、一度切り抜いた後でも再編集が可能です。

写真を切り抜く

写真をクリックして選択します。

1 写真をクリックして選択

画像をクリックしたときに表示される**図の形式**タブの**サイズ**グループの**トリミング**をクリックします。

2 トリミングをクリック

写真のふちに表示される「⌐」をドラッグして位置を調整し、**トリミング**をクリックすると写真が切り抜かれます。

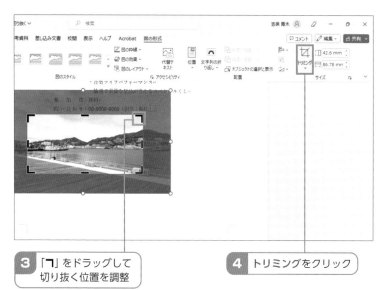

3 「⌐」をドラッグして切り抜く位置を調整

4 トリミングをクリック

Hint

縦横の比率を決めて写真を切り抜く

図の形式タブの**サイズ**グループの**トリミング**の下にある「˅」をクリックし、**縦横比**をクリックすると、トリミングサイズの縦横比を「1：1」や「16：9」などから選択できます。

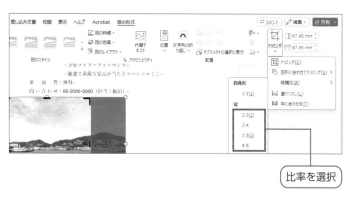

比率を選択

Section

61 ワードアートを挿入する

さまざまな装飾やデザイン効果を付けられるテキストを「ワードアート」といいます。数多くのワードアートのスタイルが用意されていて、スタイルを選択して文字を入力するだけで簡単に文書内に挿入できます。

ワードアートを挿入する

挿入タブの**テキスト**グループの**ワードアート**をクリックします。

1 ワードアートをクリック

ワードアートの一覧が表示されたら、挿入するワードアート (ここでは「A」) をクリックします。

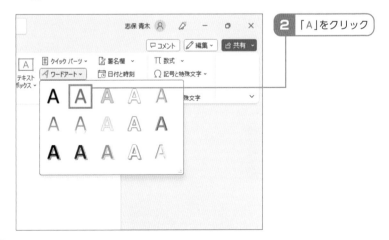

2 「A」をクリック

⊞ ワードアートに文字を入力する

追加されたワードアートの**ここに文字を入力**をクリックして、文字を入力
します。

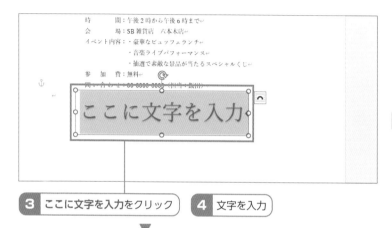

3 ここに文字を入力をクリック   **4** 文字を入力

▼

文字が入力されます。図形と同様に、移動や変形、回転をして、デザイン
を調整します。

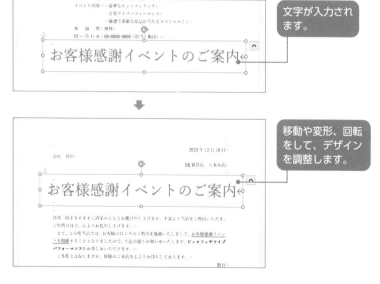

文字が入力され
ます。

移動や変形、回転
をして、デザイン
を調整します。

Section

62 SmartArtを挿入する

「SmartArt」とは、情報を視覚的に整理してわかりやすく表現するツールです。手順や階層構造、ピラミッド図などのスタイルが用意されており、文字を入力するだけで図表を作成できます。

SmartArtを挿入する

SmartArtを挿入する位置をクリックしてマウスカーソルを置きます。

1 SmartArtを挿入する位置をクリック

挿入タブの図グループのSmartArtをクリックします。

2 SmartArtをクリック

SmartArtグラフィックの選択メニューが表示されたら、挿入するSmartArtをクリックして選択し、OKをクリックします。

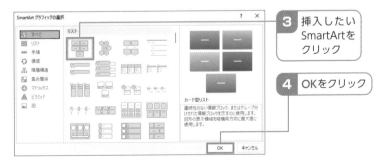

3 挿入したいSmartArtをクリック

4 OKをクリック

⠿ SmartArt に文字を入力する

追加された SmartArt の**テキスト**をクリックして、文字を入力します。

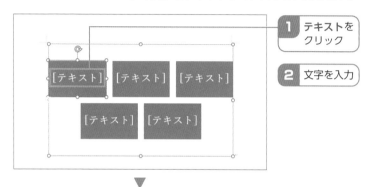

1 テキストを
クリック

2 文字を入力

▼

文字が入力されます。図形と同様に、移動や変形、回転をして、デザイン
を調整します。

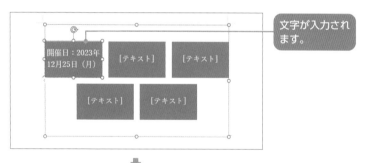

文字が入力され
ます。

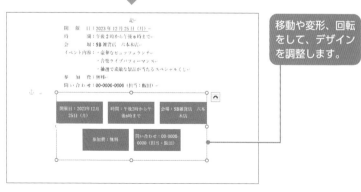

移動や変形、回転
をして、デザイン
を調整します。

Section

63 3Dモデルを挿入する

動物や絵文字、家具などの立体的なモデルを文書内に挿入できる機能が「3Dモデル」です。効果的に挿入することで、多くの人の目を引く文書になります。挿入したモデルは、向きを360度から自由に設定できます。

3Dモデルを挿入する

3Dモデルを挿入する位置をクリックしてマウスカーソルを置きます。

1 3Dモデルを挿入する位置をクリック

挿入タブの図グループの**3Dモデル**をクリックします。

2 3Dモデルをクリック

オンライン3Dモデルメニューが表示されたら、挿入する3Dモデルのカテゴリ (ここでは**絵文字**) をクリックします。

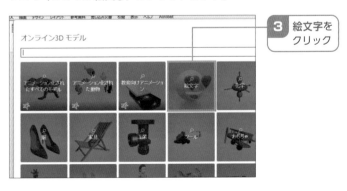

3 絵文字をクリック

絵文字の一覧が表示されたら、挿入する3Dモデルをクリックして選択
し、**挿入**をクリックします。

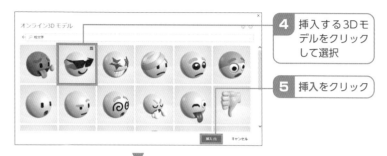

4 挿入する3Dモ
デルをクリック
して選択

5 挿入をクリック

3Dモデルが挿入されます。「⊕」をドラッグすると3Dモデルの向きを調
整できます。図形と同様に、移動や変形、回転をして、デザインを調整し
ます。

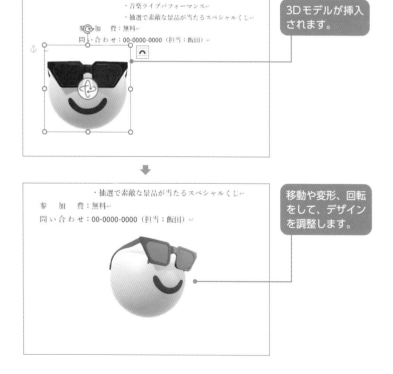

3Dモデルが挿入
されます。

移動や変形、回転
をして、デザイン
を調整します。

Section

64

背景に透かしを入れる

「透かし」とは文書の背景に薄く表示する文字のことで、文書を手に取る人に確実にメッセージを伝えることができます。ワードでは文書に「社外秘」や「コピー厳禁」といった透かしを追加できます。

背景に透かしを入れる

デザインタブのページの背景グループの透かしをクリックします。

1 透かしをクリック

透かしが一覧表示されたら、追加する透かし（ここでは**社外秘1**）をクリックします。

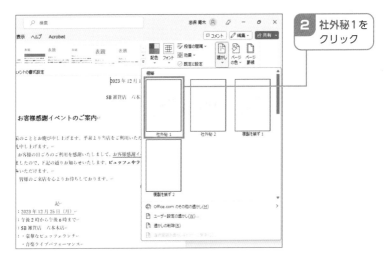

2 社外秘1をクリック

選択した透かしが文書に追加されます。

透かしが追加されます。

▼

透かしを削除したいときは、**デザインタブのページの背景**グループの**透か**
しをクリックし、**透かしの削除**をクリックします。

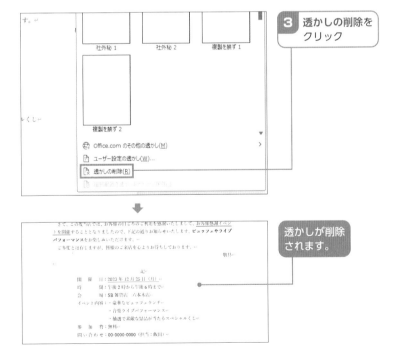

3 透かしの削除を
クリック

透かしが削除
されます。

::: 透かしの文字を編集する

透かしの文字は自由に変更できます。**デザインタブのページの背景グルー**プの**透かし**をクリックし、**ユーザー設定の透かし**をクリックします。

> **1** ユーザー設定の透かしをクリック

▼

透かしメニューが表示されたら、**テキスト**をクリックします。

> **2** テキストをクリック

▼

テキストに透かしにする文字を入力し、**OK**をクリックすると、文書に透かしが追加されます。

> **3** 透かしにする文字を入力
>
> **4** OKをクリック

第 **6** 章

印刷の詳細設定

Section

65 両面に印刷する

作成した文書が2ページ以上になった場合は、両面印刷するかどうかを選択できます。初期設定では、片面印刷に設定されているので、両面に印刷したいときは [印刷] メニューから設定を変更します。

両面に印刷する

ファイルをクリックします。

1 ファイルをクリック

▼

印刷をクリックします。

2 印刷をクリック

印刷メニューが表示されたら、**片面印刷**をクリックします。

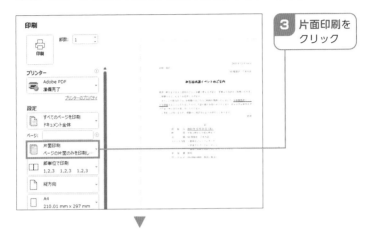

3 片面印刷を
クリック

手動で**両面印刷**をクリックすると、印刷設定が変更されます。

4 手動で両面印刷
をクリック

印刷設定が変更
されます。

171

練習用ファイル 66_ページ番号を設定する.docx

66 ページ番号を設定する

[挿入] タブからページ番号を設定することができます。スタイルを選択するだけで、1ページ目に「1」、2ページ目に「2」とすべてのページに番号が追加されます。

ページ番号を設定する

挿入タブの**ヘッダーとフッターグループ**の**ページ番号**をクリックします。

1 ページ番号を
クリック

ページ番号を挿入できる位置の一覧が表示されます。ここでは、**ページの下部**をクリックします。

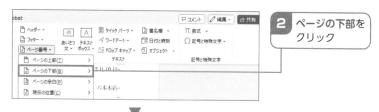

2 ページの下部を
クリック

ページ番号のスタイルが一覧表示されます。ここでは、**番号のみ2**をクリックします。

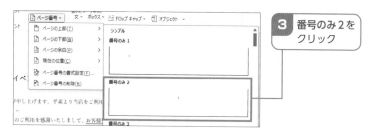

3 番号のみ2を
クリック

ページ番号の編集画面が表示されます。「1」と表示されますが、任意の数字を入力することでページ番号を編集することも可能です。

ページ番号の編集画面が表示されます。

▼

ヘッダーとフッターを閉じるをクリックします。

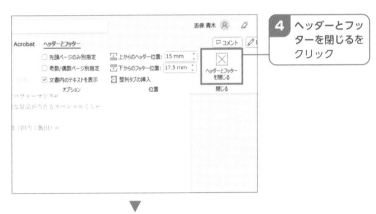

4 ヘッダーとフッターを閉じるをクリック

▼

文書作成画面に戻り、ページ番号が追加されていることを確認できます。

ページ番号が追加されます。

練習用ファイル 67_ページを指定して印刷する.docx

ページを指定して印刷する

複数のページがある文書から2ページ目だけを印刷したい、といった場合は、ページ番号を指定して印刷をしましょう。他にも、2ページ目と6ページ目、3ページから5ページといったような指定も可能です。

ページを指定して印刷する

ファイルをクリックします。

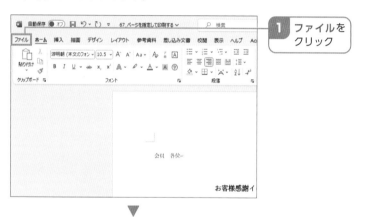

1 ファイルを
クリック

▼

印刷をクリックします。

2 印刷をクリック

印刷メニューが表示されたら、**ページ**欄に印刷したいページの番号を入力します。2ページ目だけを印刷したい場合は「**2**」、2ページ目と6ページ目を印刷したい場合は「**2,6**」、3ページから5ページを印刷したい場合は「**3-5**」といったように入力します。

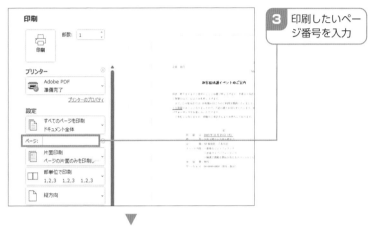

印刷するページが指定されます。

ページが指定されます。

Section

68 表紙を設定する

文書に表紙を設定することができます。表紙はさまざまなスタイルが用意されているので、好みのものや文書の内容に合ったものが見つかります。表紙を設定したら、タイトルやサブタイトルを入力しましょう。

⠿ 表紙を設定する

挿入タブのページグループの表紙をクリックします。

1 表紙をクリック

表紙のスタイルの一覧が表示されます。ここでは、**イオン (濃色)** をクリックします。

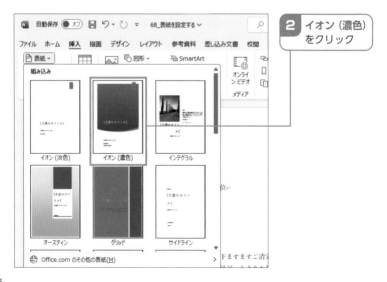

2 イオン (濃色) をクリック

表紙が追加されます。**文書のタイトル**や**文書のサブタイトル**をクリックして文字を入力すると、タイトルやサブタイトルを設定できます。

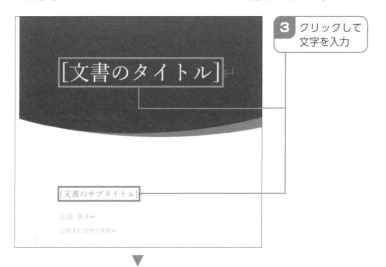

3 クリックして文字を入力

▼

表示を削除したい場合は、**挿入**タブの**ページ**グループの**表紙**をクリックし、**現在の表紙を削除**をクリックします。

4 現在の表紙を削除をクリック

6

印刷の詳細設定

177

69 ページ区切りを設定する

作成した文書のページやセクションを区切りたいときは「ページ区切り」
を活用しましょう。改行を繰り返さなくても、次のページから開始した
り、行を折り返したりできます。

ページ区切りを設定する

ここでは「改ページ」を設定します。ページを区切りたい位置をクリック
してマウスカーソルを置きます。

> **1** ページを区切り
> たい位置をク
> リック

レイアウトタブのページ設定グループの区切りをクリックします。

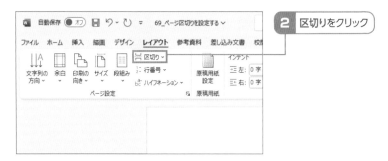

> **2** 区切りをクリック

改ページをクリックします。

3 改ページを
クリック

ページ区切りが設定されます。ここでは、マウスカーソルを置いた位置が
次のページに移動しています。

ページ区切りが設定されます。

冊子を作成する

「イベントで配布する小冊子を作りたい」という場合もワードを活用してみましょう。複数ページの印刷設定から印刷の形式を指定するだけで冊子を作成することができます。

冊子を作成する

レイアウトタブの**ページ設定**グループの「」をクリックします。

1 「」をクリック

ページ設定メニューが表示されたら、**印刷の形式**(ここでは**標準**)をクリックします。

2 標準をクリック

本(縦方向に谷折り)をクリックします。

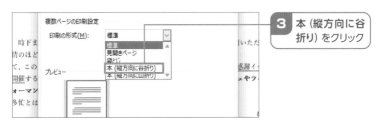

3 本(縦方向に谷折り)をクリック

次に用紙サイズの設定をします。**用紙**をクリックします。

4 用紙をクリック

用紙サイズ（ここでは**A4**）をクリックして任意の用紙サイズを設定します。冊子の最終的なサイズは、設定した用紙サイズの半分の幅になります。ここでは、A4の冊子を作成したいので、**A3**をクリックします。

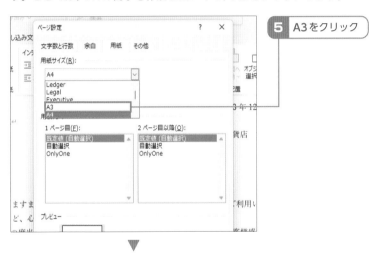

5 A3をクリック

OKをクリックします。

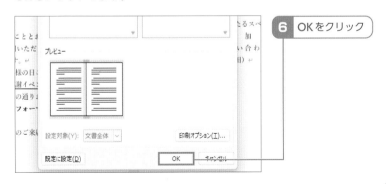

6 OKをクリック

はがきの宛名を作成する

練習用ファイル　71_はがきの宛名を作成する.docx

「はがき宛名面印刷ウィザード」からはがきを作成することができます。
指示に従ってはがきの種類や様式をクリックして選択するだけなので簡単
です。ここでは宛名面を作成する方法を紹介します。

宛名面を作成する

差し込み文書タブの作成グループのはがき印刷をクリックします。

1 はがき印刷を
　クリック

宛名面の作成をクリックします。

2 宛名面の作成
　をクリック

はがき宛名面印刷ウィザードが表示されたら、次へをクリックします。

3 次へをクリック

はがきの種類を選択できます。ここでは、**年賀/暑中見舞い**をクリックして選択し、**次へ**をクリックします。

4 年賀/暑中見舞いをクリック

5 次へをクリック

様式を縦書き/横書きから選択できます。ここでは、**縦書き**をクリックして選択し、**次へ**をクリックします。

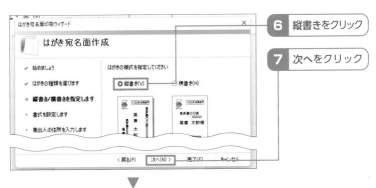

6 縦書きをクリック

7 次へをクリック

宛名の**フォント**を変更できますここでは、**MS明朝**をクリックして選択し、**次へ**をクリックします。

8 MS明朝をクリック

9 次へをクリック

差出人の住所を入力し、**次へ**をクリックします。

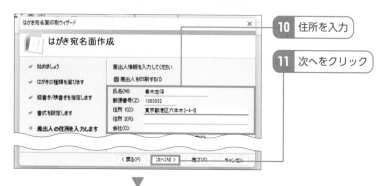

10 住所を入力

11 次へをクリック

住所録の指定や宛名の敬称を設定できます。ここでは標準のまま、**次へ**を
クリックします。

12 次へをクリック

完了をクリックします。

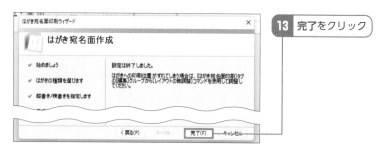

13 完了をクリック

宛名を入力して印刷する

はがきの宛名の編集画面が表示されます。郵便番号や住所、名前を入力します。

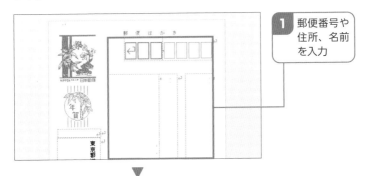

1 郵便番号や住所、名前を入力

はがきの宛名の入力を終えたら、**ファイル**をクリックします。

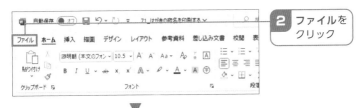

2 ファイルをクリック

印刷をクリックして印刷メニューを表示し、印刷をクリックします。

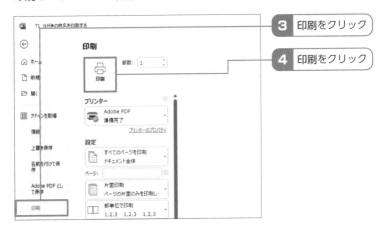

3 印刷をクリック

4 印刷をクリック

Section

72

はがきの文面を作成する

次は、はがきの文面を作成しましょう。「はがき文面印刷ウィザード」を
利用すると、文字や様式、イラストなどを用意されている複数の項目から
選択するだけで文面が完成します。

文面を作成する

差し込み文書タブの作成グループのはがき印刷をクリックします。

1 はがき印刷を
クリック

文面の作成をクリックします。

2 文面の作成を
クリック

はがき文面印刷ウィザードが表示されます。ここでは、次へをクリックし
ます。

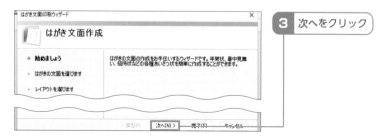

3 次へをクリック

はがきの文面を選択できます。ここでは、**年賀状**をクリックして選択し、**次へ**をクリックします。

4 年賀状をクリック

5 次へをクリック

レイアウトや題字、イラスト、あいさつ文を選択できます。任意の項目を選択して、**次へ**をクリックします。

6 任意の項目を選択

7 次へをクリック

差出人の住所を入力して**次へ**をクリックし、次の画面で**完了**をクリックすると、はがきの文面が表示されます。

8 住所を入力

9 次へをクリック

ワードで 使 え る ショートカットキー

[Ctrl] + [S]	ファイルの上書き保存
[Ctrl] + [Z]	直前の操作を元に戻す
[Ctrl] + [Y]	元に戻した操作をやり直す
[Ctrl] + [C]	選択した文字をコピーする
[Ctrl] + [V]	コピーした内容を貼り付ける
[Ctrl] + [X]	選択した文字を切り取る
[Ctrl] + [Shift] + [Home]	カーソル位置から文書の先頭までを選択する
[Ctrl] + [Shift] + [End]	カーソル位置から文書の末尾までを選択する

Shift + ↑ ↓ ← →	選択範囲を上下左右に拡大/縮小する
Ctrl + B	太字の書式設定をする
Ctrl + I	斜体の書式設定をする
Ctrl + U	下線の書式設定をする
Ctrl + 5	取り消し線の書式設定をする
Ctrl + N	新しい文書の作成
Ctrl + W	選択している文書を閉じる
Ctrl + Home	文書の先頭に移動する
Ctrl + End	文書の末尾に移動する
Ctrl + Page Up	前ページの先頭に移動する
Ctrl + Page Down	次ページの先頭に移動する
Alt + F4	ワードを終了する
Shift + F5	前の編集箇所に移動する

索引 index

本書の注意事項

・本書に掲載されている情報は、2023 年 11 月現在のものです。本書の発行後に Word の機
　能や操作方法、画面が変更された場合は、本書の手順どおりに操作できなくなる可能性が
　あります。

・本書に掲載されている画面や手順は一例であり、すべての環境で同様に動作することを保
　証するものではありません。利用環境によって、紙面とは異なる画面、異なる手順となる
　場合があります。

・読者固有の環境についてのお問い合わせ、本書の発行後に変更された項目についてのお問
　い合わせにはお答えできない場合があります。あらかじめご了承ください。

・本書に掲載されている手順以外についてのご質問は受け付けておりません。

・本書の内容に関するお問い合わせに際して、お電話によるお問い合わせはご遠慮ください。

著者紹介

青木 志保（あおき・しほ）

福岡県出身。大学在学時からテクノロジーに関する記事の執筆などで活動。
現在は、研修やワークショップ、セミナーの講師をしながら、IT ライターとしても「誰にで
もわかりやすい」をモットーに執筆、情報発信を続けている。

・**本書へのご意見・ご感想をお寄せください。**
URL：https://isbn2.sbcr.jp/23470/

Wordの基本が学べる教科書

2023 年　12 月 8 日　初版第 1 刷発行

著者 ………………………… 青木 志保
発行者 ……………………… 小川 淳
発行所 ……………………… SB クリエイティブ株式会社
　　　　　　　　　　　　　　〒106-0032 東京都港区六本木 2-4-5
　　　　　　　　　　　　　　https://www.sbcr.jp/
印刷・製本 ………………… 株式会社シナノ
カバーデザイン ………… 小口 翔平 + 畑中 茜（tobufune）

Printed in Japan ISBN 978-4-8156-2347-0